坚定的使命

董少鹏 著

人民出版社

序　言

　　党的二十届三中全会审议通过的《中共中央关于进一步全面深化改革、推进中国式现代化的决定》部署了 300 余项改革举措，将在 2029 年新中国成立 80 周年时落实到位。这将深刻改变中国经济社会发展格局，激发市场动力和社会活力，形成更加开放更高质量的中国大市场，进而带来百姓生活水平的总体提升。

　　从财经视角看，这一轮改革将带来一系列投资结构变化，传统产业转型升级意味着资金有进有退，战略新兴产业发展则考验赛道和周期的识别能力，国际市场角逐为中国优势产业扩充版图打开新的空间，自贸区制度深化和跨行政区合作发展新机制为产业资本提供纵横新机遇，构建全国统一大市场促进生产要素更加自由流动和配置，军民融合、城乡融合塑造产业投资、项目开发新模式新场景，财税改革、金融改革改变地方政府行为模式进而深度影响营商环境和政策机制，美丽中国建设带动绿色产业、绿色投资、绿色监管进入新境界。新质生产力将引领经济结构调整并带动新的投资机会。与此同时，信贷、股权、债权市场将进行

坚定的使命

结构性调整，风险防范化解与利润取得都面临新的挑战。

我们已经进入不可逆转的全球化发展新时期，不管我们是否愿意，外部的竞争者、合作者、打压围堵者都将长期存在；不管我们是否准备好，科技革命、产业革命都将向前发展。我们必须面对这一切，在开放发展的状态下应对困难和挑战，不断增强才干，敢于抓住机遇、创造机遇，实现高质量发展。

进一步全面深化改革的目的，是推动中国特色社会主义向前发展，整体制度更加定型和更加健康，全国大市场各项机制更加顺畅，产业链、供应链更加稳健，全球竞争力更加强大。因此，我们的改革不仅是内部改革，也要积极参与国际治理改革。中国大市场也将继续为全球投资者提供发展机遇。

本书选取 30 余项坚定的使命任务，结合最新政策、产业运行情况、改革难点问题等进行深入浅出的阐释，与大家一起探讨产业和投资机遇，分享新一轮改革红利。

董少鹏

2025 年 3 月

目　录

1.发展新质生产力

健全相关规则和政策，加快形成同新质生产力更相适应的生产关系，促进各类先进生产要素向发展新质生产力集聚，大幅提升全要素生产率。

——引自《中共中央关于进一步全面深化改革　推进中国式现代化的决定》

"新质生产力"概念一经提出，就引起国内外舆论高度关注。我国发展新质生产力，既是本国经济由主要依靠要素投入实现增长阶段转向依靠创新驱动和要素投入两方面实现增长阶段的必然选择，也是全球范围内生产力跃升和发展竞争格局变化的必然反映。通过发展新质生产力，提高全要素生产率，中国经济在全球经济体系中的辐射、引领、促进作用将进一步增强。

关于"新质生产力"这一概念的内涵，习近平总书记在 2024 年 1 月 31 日中共中央政治局第十一次集体学习时作出全面阐释："概括地说，新质生产力是创新起主导作用，摆脱传统经济增长方式、生产力发展路径，具有高科技、高效能、高质量特征，符合新发展理念的先进生产力质态。它由技术革命性突破、生产要素创新性配置、产业深度转型升级而催生，以劳动者、劳动资料、劳动对象及其优化组合的跃升为基本内涵，以全要素生产率大幅提升为核心标志，特点是创新，关键在质优，本质是先进生产力。"[①]

"质态"一词，是指生产力诸因素在构成生产力系统时，在物质技术属性上彼此互相适应、互相关联的状态。新质生产力是以新结构、新形态、新组织方式形成的状态稳定的生产力系统。新质生产力以高科技为支撑，以高效能为衡量标准，以高质量为体验结果。新质生产力带来的经济结果是大幅提升全要素生产率，否则，就不是新质生产力。

按照哲学理论关于新旧事物相互替代、否定之否定的观点，新质生产力总是处于变化中的。蒸汽机发明之际，蒸汽机就是新质生产力的代表；发电机发明之际，发电机就是新质生产力的代表；互联网技术产生之际，互联网就是新质生产力的代表。所以，新质生产力的存在时长不可能以天计、以月计，甚至不可能

---

① 习近平：《发展新质生产力是推动高质量发展的内在要求和重要着力点》，《求是》2024 年第 11 期。

以年计。在实际工作中，要警惕把新质生产力说成"一天一变"的做法。

也正是基于此，习近平总书记特别强调"因地制宜发展新质生产力"。"发展新质生产力不是忽视、放弃传统产业，要防止一哄而上、泡沫化，也不要搞一种模式。"①生产力和生产关系的运行和发展本来就是一个由量变到质变的过程，发挥人的主观能动性不能脱离这个基本规律。政策运用、制度安排、组织推动，都要因地制宜，不能盲目"赶浪""追风"。并且，要充分重视新旧交替、新旧承接，也要懂得"新"中有"旧"、"旧"中有"新"。

经过不断努力，我国在高科技主赛道上取得了一系列具有国际竞争力的成果，属于新质生产力的范畴。如载人航天、深空探索、走进深海、超算工程、北斗组网、量子科技、三代核电机组、C919 大飞机、华为鸿蒙生态、DeepSeek 中文大模型、人形机器人等。同时，这些成果与未来更高级状态的技术体系和装备体系相比，是会有"代差"的。所以，新质生产力不是一成不变的，而是与时俱进的。

目前，我国新质生产力标杆行业主要是：半导体与人工智能、新能源汽车与自动驾驶、商业航天与低空经济、生物医药与 AI 医疗、数字产业与智能制造。

---

① 《因地制宜发展新质生产力》，载《人民日报》2024 年 3 月 6 日。

推动新质生产力发展进程，要注意两点：第一，切忌搞运动，不要把什么创新都贴上新质生产力的标签，更要防止打着新质生产力的旗号炒作华而不实的各种产业园，多数创新活动、多数创新成果还是使用"创新"二字为宜；第二，坚持高站位、严标准，新质生产力项目成果的认定，应由国家级机构评价和认定，并且评价周期要拉长，可基本上按照"五年规划"的节奏来考虑。

加快培育新质生产力，要支持鼓励各类新技术应用，广泛开展营商环境提升活动。要加强成熟技术在产业场景的应用，提升生产和运营效率，降低成本；鼓励在安全的基础上推行新技术试验和应用，对新技术应用予以政策扶持和金融保障，让新技术有生长的土壤。要支持科研院所、企业单位用好通用技术和新型生产工具，依托现有产业基础研发新技术、新应用。鼓励各类主体掌握关键核心技术，赋能发展新兴产业、提前布局未来产业、改造提升传统产业。及时跟进产业创新步伐，对产业标准、用人标准、财务标准、生产管理流程等升级迭代。

加快培育新质生产力，要抓制度建设，在宏观治理体系、民商事法律制度、企业管理制度、行政监管制度、民商事服务体系等领域，适应创新驱动战略需要，满足新技术、新产业、新业态、新组织方式的需要。要创新知识产权保护、人才激励、社会化分配、营商环境等配套制度建设，塑造适应新质生产力的生产关系。要发挥企业、投资者、金融机构、科研院所、行业协会、专业服务机构的作用，及时汇集它们的呼声和反馈意见，汇聚新质生产力的发展动能。

加快培育新质生产力，尤其要重视人才基础，千方百计夯实这个基础。要用好现有教育体系和就业体系，对培养创新型人才院校、使用创新型人才的企业事业单位予以政策激励，加大财政、金融、税务支持力度。要加强院校考核机制建设，鼓励支撑新质生产力发展的战略型人才、管理型人才、应用型人才的培养。要以开放眼光、开放姿态、开放机制培养和吸纳人才，畅通在新质生产力领域人才就业、创业的通道。

从宏观政策而言，要进一步完善新型举国体制，发挥好政府的战略导向作用，让企业真正成为创新主体，让人才、资金等各类创新要素向企业聚集。要进一步加大战略性新兴产业和未来产业的支持力度，激励企业加快数智化转型，实现实体经济与数字经济的深度融合，赶上甚至引领科技创新、生产创新、消费创新的潮流，实现全要素生产率大幅提升，发展新质生产力。

红利阐释

新质生产力是体现科技创新成果、展现新型要素组合方式的先进生产力，全要素生产率大幅提升，系统质态稳定，具有高科技、高效能、高质量特征，是国家综合竞争实力的体现。新质生产力需要资本、人才、技术等要素创新组合，带来产业、企业、产业链变革，实现先进产能替代落后产能。

2.突破"卡脖子"技术

坚持面向世界科技前沿、面向经济主战场、面向国家重大需求、面向人民生命健康，优化重大科技创新组织机制，统筹强化关键核心技术攻关，推动科技创新力量、要素配置、人才队伍体系化、建制化、协同化。

——引自《中共中央关于进一步全面深化改革　推进中国式现代化的决定》

使命
解读

关键核心技术代表着一个国家的综合科技能力，是影响国家总体竞争力的极为重要因素。在国与国需要比拼实力的时候，掌握关键核心技术的一方，可以将其作为武器，用来制约另一方。

"卡脖子"的一方掌握高端科技和高端制造能力，并运用知

坚定的使命

识产权保护机制维护自身优势地位，甚至动用"长臂管辖"、反倾销手段，有时还以维护国家安全的名义推出相关措施，扩大自身优势地位。其目的是维持并扩大国际规则的话语权，对全球产业链、贸易和金融结算等重要环节实施控制。被"卡脖子"的一方，则在科技实力、制造业实力、国际规则话语权等方面处于劣势，经济上过度依赖外部资源，对外关系上缺乏主动权。要想破解"卡脖子"威胁，必须加强自身实力建设，提升资源自主配置，增加对外谈判的筹码。

"卡脖子"技术可分为两类。一是没有"备胎"的技术，被"卡脖子"的一方只能依赖国外技术；一旦断供，相关产业链就有断裂的危险。二是有"备胎"的技术，被"卡脖子"的一方使用国内技术比使用国外技术性能差一点，虽然影响绩效，但不影响产业链运行，一定条件下还可以形成自主竞争力。

科学技术竞争是国家竞争的第一重要领域，中国作为全球性大国，必须加强关键核心技术。美国及其主要盟国，由于掌控核心技术和关键零部件，其只需要承担 10% 左右的生产份额，由别人承担 90% 的生产份额，就可以在全球价值链中获取 90% 的利润。而我国一些企业覆盖了全球产业链的多个生产环节，得到的利润却不到 10%。不仅如此，这部分利润也面临进一步被挤压的风险。这充分说明，掌握了高端技术和高端制造业，才能在全球竞争体系中赢得更大规模的利润。

中国内需市场庞大，生产水平、消费品质都处于重要的升级换代时期，无论石油、天然气、关键矿产等传统资源能源，还是高新技术等战略资源，都离不开全球配置。但在关键核心技术领域，只能靠自己，而不可能通过一般贸易获得。

2018年美国主动挑起对华贸易摩擦，并拉拢盟国对中国大搞科技封锁、产业打压，试图通过打压，迫使中国按照美国的战略需要让渡中国发展利益。这是全球经济增速放缓、市场蛋糕难以做大时期，掌握优势资源的国家争夺全球利润份额的一种方式。国与国之间开展竞争很正常，但是一国对另一国采取封堵措施是不正常的。美国主动挑起对华贸易摩擦，是极端情况下的特殊竞争，实质上是霸权主义行径。

中国作为全球性大国，必须坚持战略自主，做到科技自立自强，加快突破"卡脖子"技术。我们具备突破"卡脖子"技术的物质基础和制度基础。改革开放以来，我们集中优势科技力量，在载人飞船、探月工程、深海探测、北斗卫星等领域实现重大突破；依托大规模基础设施建设，实现超高压输变电、核电装置等重大技术装备自主化。

新时代以来，我国基础科学研究不断取得重大突破，建成了FAST、稳态强磁场、散裂中子源等一批国之重器，在量子计算、量子通信、量子测量等方面取得积极进展，在量子计算机原型机、人工合成淀粉、纳米限域催化等方面取得一批有国际影响力的重大原创成果。量子信息、干细胞、脑科学、合成生物学等领域的重点科研项目还将继续推进。

坚定的使命

2018 年 4 月，有媒体列举了中国需要突破的 35 项"卡脖子"技术，包括芯片、操作系统、触觉传感器、真空蒸镀机、医学影像设备元器件等。到 2024 年 5 月，据不完全统计，有 21 项"卡脖子"技术被攻克，达到国际先进甚至领先水平；还有近 10 项技术正在接近突破。

在我们追赶、突破关键技术的同时，其他领先国家还在继续研发更新、更高、更尖的技术，科技竞争的道路还很长。我们要把好钢用在刀刃上，从国家急迫需要和长远需求出发。具体来说，应在农作物种子、石油天然气、基础原材料、工业软件、科学试验用仪器设备、化学制剂等方面加大攻坚力度，加快突破一批药品、医疗器械、医用设备、疫苗等领域关键核心技术。

放眼长远，中国还应显著加大新兴产业和未来产业投入，以更大魄力开展国际合作与竞争。新兴产业和未来产业不可能单靠一个国家和一拨人去实现，需要主要国家开展合作。我国作为第二大经济体和正在成长的科技大国，要敢于与当今的科技强国比拼，在高精尖技术领域占据应有位置。

科技创新前沿领域具有技术和市场的不确定性，很多项目开发周期长、投资大、风险高，存在多种技术路线竞争，难以单纯依靠市场自发力量驱动。要发挥我国新型举国体制的优势，加快形成包括高水平研究型大学、国家实验室、科技领军企业等在内的国家战略科技力量体系，释放制度潜能。要加强对人才的培养、使用和激励，锻造新时代科技人才队伍、企业家人才队伍。要加强金融支持力度，完善资本市场聚集创新资本、长期资本、风险资本的机制和功能。

"卡脖子"的本质是对优势资源的垄断。资源既包括有形的资源和可度量的资源，也包括无形资源和难以度量的资源。后者主要是国家各项基础制度、国际治理机制等资源。我们要重视科技上的"卡脖子"问题，也要重视能源资源、重要矿产等的"卡脖子"问题，还要重视国际规则、地缘政治博弈等领域的"卡脖子"问题。

红利阐释

关键核心技术，又称"卡脖子"技术，是指无法通过一般贸易换来的技术。根据各国生产力发展水平的差异，核心技术竞争体现在三个层面：一是基础技术、通用技术，它们是构建其他技术的基石，具有广泛的应用范围和普遍适用性；二是非对称技术、"杀手锏"技术，它们在某些方面优于竞争对手，能够在市场竞争中取得优势；三是前沿技术、颠覆性技术，它们具有创新性和变革性，能够引领行业发展和市场变革，能带来突破性综合效益。当今，"卡脖子"技术呈现多点争夺态势，主要涉及信息技术、生物技术、新材料技术、新能源技术、先进制造技术。在这些领域实现突破并产业化，将形成可观利润。

3.改造传统产业

以国家标准提升引领传统产业优化升级，支持企业用数智技术、绿色技术改造提升传统产业。强化环保、安全等制度约束。

——引自《中共中央关于进一步全面深化改革　推进中国式现代化的决定》

无论一个国家或一个地区的产业体系，还是全球产业体系，其实都是一个整体。各类主体根据不同生命周期、不同绩效水平、不同产业链位置，按照市场配置和交易规律相互交织在一起，其中既有传统产业，也有新兴产业，同时还在孕育未来产业。有的传统产业会彻底退出历史舞台，而大量传统产业通过与新技术、新管理、新场景结合实现转型升级，继续存在于整个产业体系当中。其中，相当一部分传统产业主体在整个经济社会发展中发挥着中流砥柱作用。

在我国制造业中，传统产业占比超过 80%。其中汽车、钢铁、有色金属、石油化工等行业规模占 GDP 的比重都在 1% 以上。家电、纺织、家具、钢铝材及塑料制品是我国出口品类的排头兵。这些产业不仅对经济增长、对外贸易、就业稳定具有重要作用，而且可以通过新技术、新工艺、新管理实现转型升级。

传统产业转型升级主要体现在以下方面。一是产业自身提高效率，增加新的产能供给。提高效率是指提高单位产能的生产制造效率，提高制造精细度，同时降低能耗和排放。我国已经开展国家级智能制造工厂示范行动，从实践来看，钢铁、建材、民爆等传统产业通过智能化改造，安全水平大幅提升，碳排放减少约 12%。新的产能供给是指传统产业顺应新兴产业发展需要，为后者提供原材料、零部件等基础保障——这也是大多数传统产业走向新生的主要方式和途径。

二是传统产业与新兴技术融合，生产出符合新消费需求的代际产品，并加快扩大规模，形成新的代际产能。新能源汽车是典型例子。截至 2024 年底，中国新能源车产销量占全球比重超过 70%，连续 10 年位居世界第一；新能源汽车出口 201 万辆、同比增长 12%，均创历史新高。随着国产新能源汽车产业的不断发展壮大，国外厂商对国产汽车零部件的需求也在与日俱增，相当于塑造了新的赛道。

纵览近代经济史，家电、纺织、服装、家具、建材等产业长期处于更新换代状态，是"常态化升级中的传统产业"。所以，

坚定的使命

既要抓住产业转型升级的风口，争取获得先机，收获额外利润；也要坚守住产业逻辑，对传统产业保持敬畏，坚持长期主义。

三是打造新质态的高端化制造业。无论是传统产业按照原有生产逻辑提高效率，还是增加传统产业意义上的产能供给，抑或是形成代际产能、代际供给，都包含了打造高端化制造业的内容。

所谓高端化制造业，是产业链上下游生产协同创新和服务协同创新兼具的业态，可以与市场高效对接、实现精准交付，满足市场多层次、个性化、高品质需求。本质上，它是适合新的生产、消费需求的高水平的制造业。

绿色化是传统产业转型升级的主旋律。通过数字化改造、工艺流程再造，钢铁、煤炭、有色金属、建材、化工、造纸、纺织印染等行业的能效和排放标准更加绿色，升级为新的质态。新能源规模化供给为制造业绿色化转型提供保障，高端化制造提高了绿色化转型的边际效应，循环利用拉长了绿色转型的时空轴。

传统产业转型升级主要靠市场驱动，也要靠有为政府。这是因为，传统产业中的高能耗、高排放生产模式可以给相关生产主体带来额外收益，如果没有国家标准和执法体系作为硬约束，单靠道义要求，是不可能减少和消除低质态生产模式的。同时，政府以恰当的政策措施加以引导、激励，再加上执法惩戒，传统产业转型过程就可以更快一些，更顺畅一些。

我国在推动传统产业转型升级方面投入了巨大力量。截至

2024 年 6 月，规模以上工业企业数字化研发设计工具普及率达到 83.1%，关键工序数控化率达到 64.9%。智能化改造在工业制造企业的渗透率仍有较大提升空间。截至 2024 年底，制造业数字化转型和智能制造取得重大进展。已累计培育 421 家国家级智能制造示范工厂，推进近万家中小企业数字化改造。

还有一个现象值得重视，大中型企业一旦确立转型方向，行动起来是有章法的；而大量处于产业链初加工环节的中小微企业既无自主品牌管理体系，也无研发中心等技术支撑，难以接入和融入制造业转型升级系统，成为转型"盲区"。这就需要政府和大型企业主动承担起社会责任，建立开放的"制造业技术应用平台"，让传统制造业中小微企业参与进来，借助公共平台支撑实现转型。政府和大型企业应组织专业人员开展关键共性技术产业化应用示范，政府应鼓励工业设计、品牌服务、营销服务等生产性服务业面向中小微企业开展服务，提供转型升级方案。

推动传统产业转型升级，并不是要求每一个传统产业、每一个传统企业都"齐步走"实现转型升级，而是要抓重点行业、重点企业、关键环节，带动整个产业体系转型。高耗能、高污染、高排放的采矿业、制造业是产业转型的重点，一部分企业可以通过转型升级继续存活下去，并且扩大市场规模；还有一部分企业升级为掌握新质态生产能力的企业，它们将主导未来的市场格局，引领行业发展方向；也会有一部分企业被淘汰出局。像旅游业、餐饮业等低耗能、低排放、低污染的产业，也要跟随产业转型升级大潮，调整自身运营模式，但这类企业的主要任务是升级，而不是转型，即主要通过提高服务品质、优化资源配置来提高效率，适应更多新的运营场景。

转型升级有时是渐进式的，有时是加速度的。每一轮转型升级后呈现的效果，都是"三分天下"的：一部分企业脱胎换骨，转型升级成功；一部分企业延续原有运营模式，但治理水平显著提升；一部分企业提供全新的产能和服务供给，它们共同组成现代产业体系，扮演产业链条、产业矩阵中的不同角色。所以，处在不同生命周期、不同绩效水平、不同产业链位置的各类企业，按照市场交易规律相互交织在一起，是产业体系存在的常态。谈传统产业升级，切忌搞"一刀切"。

红利阐释

传统产业具有生产技术成熟、劳动密集等特征，包括石油化工、钢铁、有色金属、建材、机械、汽车、轻工、纺织等。顺应技术进步、产品升级、需求变化的趋势，对传统产业的生产流程、工艺标准、能耗水平等进行改造，实现技术迭代、业态升级、绩效提升，满足新的市场需求，甚至创造新的市场需求，是传统产业升级的落脚点。

4. 构建房地产新模式

加快建立租购并举的住房制度，加快构建房地产发展新模式。加大保障性住房建设和供给，满足工薪群体刚性住房需求。支持城乡居民多样化改善性住房需求。

——引自《中共中央关于进一步全面深化改革　推进中国式现代化的决定》

使命解读

经过20多年的快速发展，我国房地产市场进入结构性调整时期。城市住房大规模开发的历史阶段结束了，高负债、高周转的房地产开发模式也结束了。要加快构建开发、运营、维护、管理、综合服务全链条的房地产运营业态体系，实行综合运营服务新模式。从满足居民住房需求的角度来说，要实现租购并举的新模式，让租房者和购房者享有同样的社会公共服务。

坚定的使命

2003年以来的20多年间，我国经济处于由"要素投入带动增长"转为"要素投入＋创新驱动带动增长"的转换期。一方面，城市化进程持续加快，大城市人口承载量暴增，商品房价格高企。另一方面，中小城市因公共服务供给不足，人口和资源聚集效应趋弱；除少数发达地区以外，多数县级城镇公共服务资源甚至出现下滑，人口呈外流趋势。这就形成了大中城市房价螺旋式上涨，中小城市追随大中城市搞土地财政的"浮躁循环"。大量银行贷款以房地产投资、住房贷款等方式进入市场，由此衍生的各类房地产投资乱象纷纷扰扰。

房地产开发建设可以带动上下游产业发展，也为城市原有居民、新市民提供了大规模住房供给，这本是房地产行业应有的重要功能。但如果居民基本的住房需求过度市场化了，地方财政收入过度依赖房地产开发市场，就可能抑制制造业、消费市场的发展，导致经济结构整体失衡。一旦经济增长出现大的波动，居民购房需求出现下滑，房地产过度市场化的风险就会暴露出来，继而引发金融风险甚至社会风险。

我国是社会主义国家，房地产行业必须建立在满足城乡居民基本住房需求这个基点上，同时为差异化住房需求提供商业化供给。立足我国人口多、东西南北地域差异大的国情，应坚持一城一策、一地一策的原则，做到租售并举，保障居民基本住房需求，满足刚性需求、改善性需求，建立开发、运营、维护、管理、综合服务全链条的房地产运营业态体系。

调整房地产发展模式，一是合理把握新项目开发节奏，管理运营好存量项目，实现总供需平衡；二是加强保障房供给，让低收入居民家庭居有其屋；三是开展房地产行业多元化运营，通过代建、社区服务、老旧房更新、资产管理等服务实现房地产行业的多元化发展。

党中央高度重视房地产市场健康发展，2013 年党的十八届三中全会通过的《中共中央关于全面深化改革若干重大问题的决定》提出，"健全符合国情的住房保障和供应体系"，指引保障房建设提速。2023 年 8 月国务院常务会议审议通过《关于规划建设保障性住房的指导意见》，推动住房保障体系加快完善。多地密集出台举措，增加保障房供给。2021 年至 2024 年上半年，全国保障性租赁住房开工建设和筹集 685 万套（间）。还要进一步增加保障房供给，同时加大对中小城市公共服务供给的倾斜力度，增强中小城市人口聚集的功能。

2021 年以来，全国房地产市场进入相对低潮。针对形势变化，要坚持房地产转型升级方向不动摇，同时要稳定房地产市场预期，采取逆周期调节举措。

2023 年 9 月下旬，针对房地产市场低迷状况，为保护已购房居民的切身利益，中国人民银行指导各商业银行与首套存量房贷款人就 2023 年 8 月 31 日（含当日）以前贷款执行利率进行协商调整。2023 年下半年至 2024 年 5 月，各地相继推出取消限购、鼓励购买二套住房等活跃房地产市场的举措。2024 年 5 月，

坚定的使命

国家集中出台了一系列稳定房地产市场的政策举措。央行宣布取消全国层面首套住房和二套住房商业性个人住房贷款利率政策下限；5年以下（含5年）和5年以上首套个人住房公积金贷款利率分别调整为2.35％和2.85％。央行与金融监管总局宣布，降低购房最低首付款比例，首套调整为不低于15％，二套不低于25％。

央行还设立了3000亿元保障性住房再贷款，预计将带动银行贷款5000亿元，并带动地方政府配套资金、社会资本5万亿元。这笔钱主要投向已建成未出售商品房，由地方政府组织、企业作为主体，收购这批房产用作保障性住房。

取消个人住房贷款利率下限、降低首套房和二套房首付比例、降低首套个人住房公积金贷款利率，主要是降低购房者资金成本，释放潜在购买需求。同时，把贷款市场定价权交给商业银行，激发商业银行的放贷积极性。

国务院还决定，地方政府可酌情以收回、收购等方式妥善处置已出让的闲置存量住宅用地，以帮助资金困难房企解困。同时强调，继续做好风险处置工作，对债务风险大的房地产企业，应按照法治化、市场化的原则进行破产或重组。

2024年10月，住房城乡建设部、财政部、自然资源部、中国人民银行、国家金融监督管理总局进一步提出一揽子稳定房地产市场预期政策——四个取消：取消限购、取消限售、取消限价、取消普通住宅和非普通住宅标准。四个降低：降低住房公积金贷款利率，降了 0.25 个百分点；降低住房贷款的首付比例，统一一套、二套房贷最低首付比例到 15%；降低存量贷款利率；降低"卖旧买新"换购住房的税费负担。两个增加：一是通过货币化安置等方式，新增实施 100 万套城中村改造和危旧房改造。二是 2024 年底前，将"白名单"项目的信贷规模增加到 4 万亿。

妥善应对近期房地产投资和购买下滑趋势，要立足长远，致力于房地产市场转向更健康、可持续发展的新模式。要综合运用财政、金融支持手段，持续推进保障性住房建设，满足居民基本住房需求；加快城中村改造，改善居民住房条件，提升现代城市管理水平；建设"平急两用"公共基础设施，增强城市日常公共服务功能和应急安置保障功能。

要科学看待房地产产业链条。房地产产业涉及土地供应、开发投资、材料供应、劳动力（含设计、管理、建筑作业等）、能源保障、公共服务配置等各方面的供给和支撑，链条极为复杂。实现房地产健康发展，必须厘清市场和政府关系；政府做好基本住房保障工作和维护好市场秩序；一般商品房供给应交给市场，政府负责维护市场秩序，实现价格透明、公允。

住房建设部门、金融监管部门、社会保障部门须各自承担职责，发挥各自主体作用，把房地产市场作为首要的民生保障市场。房地产开发商应当遵循市场化机制拍地、建设、销售；房地产服务商按质定价，提供市场化服务。政府可以直接投资建保障房，也可以通过政府采购模式提供保障房。政府须依法履行对房

坚定的使命

地产商、金融机构的监督管理职责，保护合法经营，打击哄抬价格、利益输送、侵害百姓利益等违法犯罪行为。

要根据我国人多、地少、城市化进程较快的实际，进一步完善低收入居民的住房保障机制，进一步规范商品房市场秩序，坚持"房住不炒"原则。无论商品房还是保障房，无论是产权房还是租赁房，都要提升物业服务水准、社区服务水准，都要坚持公共服务均等化。

红利阐释

　　租购并举，是指采用租房与购房两种方式实现住者有其屋的目标。居民购买产权房居住与租用房屋居住，享有同样的落户、教育、医疗、养老等公共服务。为此，新建商品房小区要配建一定比例的租赁住房，存量商品房小区也可以因地制宜配备一定比例的租赁住房。要打破必须购买商品房才能充分享有城市公共服务的弊端，实现在住房领域的权利平等。租购并举所带来的红利是立体的，重点是焕发中等收入群体的创造、创新活力，极为重要。

5. 提高居民收入

完善收入分配制度。构建初次分配、再分配、第三次分配协调配套的制度体系，提高居民收入在国民收入分配中的比重，提高劳动报酬在初次分配中的比重。

完善就业优先政策。健全高质量充分就业促进机制，完善就业公共服务体系，着力解决结构性就业矛盾。

——引自《中共中央关于进一步全面深化改革　推进中国式现代化的决定》

使命解读

提高居民收入，促进充分就业，是切实提升人民群众获得感、幸福感、安全感的根本举措。在做大经济总量蛋糕的同时，要优化分配制度体系，将经济增长的红利更多地向劳动者分配。要完善和优化就业举措，让劳动者各显其能，各尽其才，并使就业相对困难者得到社会帮助。

扩大中等收入群体的规模和比重，是缩小收入差距、消除两极分化的重要手段。数据显示，我国中等收入群体占总人口的比重约为30%，低于发达国家50%—75%的水平，"扩中"有较大空间。"扩中"与提高低收入群体收入、调节高收入群体收入是一套组合拳，要均衡使用。

从宏观上讲，经济发展所形成的国民收入，主要在企业、政府、居民三大主体之间分配，因此，扩大中等收入群体的规模和比重，从而带动全体居民提高收入水平，意味着国民收入分配的比重要向居民方面倾斜。具体可从以下方面着手，进一步完善政策措施。

一是提高居民工资性收入。工资性收入在我国居民收入结构中占据重要位置。2023年，全国居民工资性收入在居民总收入中的比重为56.2%，2024年为56.46%。可见，稳就业是稳定和增加居民收入的最有力、最普惠的途径。

要运用好宏观政策手段和产业政策手段，促进经济稳定向好发展。企业经营得好，就可以不断增加就业岗位；企业创新能力强，就拓展更多、更新的就业岗位，带动更高质量就业。在充分就业的基础上，要构建根据企业效益提升和社会劳动生产率提升及时调高工资的法定机制。积极推进工资集体协商，引导企业明确工资增长预期。要拓展技术工人的发展路径，鼓励对技能人才实行年薪制、协议薪酬制、专项特殊奖励，并探索项目奖金、技术分红、成果转化等多重激励机制。

在生产要素产生的经济增加价值分配上，要平衡资本投入与劳动投入的比例，提高工资性收入在初次分配中的占比。要运用政策手段鼓励企业降低留存占比，增加工资性分配。

要广泛建立国家支持、企业主导的劳动力培训机制，结合劳动力就业意愿和产业发展需求，开展大规模、多层次的职业技能培训。特别是加大对普通劳动者的培训，通过提高其技能水平和职业素养，增强竞争力和适应力，从而提高工资收入。

要加强企业工会建设，提高工会监督企业运行的能力，促进企业降本增效，在保持企业健康发展的基础上增加工资支出。

二是提高居民经营性收入。2023 年、2024 年我国居民人均经营净收入占可支配收入的比重均为 16.7%，长期来看，这一块收入也是有提升空间的。大量民营企业家和个体经营者不仅解决了大量就业，而且也创造了经营性收入。民营企业中除了部分从事房地产、电商、汽车、物流、酒业、饮料的大型企业，多数是从事餐饮、旅游、商品零售、装修、维修、养老医疗照护等行业的中小微企业。要保护好民营企业、个体经营者创业发展的积极性，持续优化营商环境，并采取降低、取消相关税费等措施，助推中小微企业降低经营成本，提高经营性收入。

与此同时，市场监管部门应对文旅、网络服务、医养、教育等领域的商业模式创新采取包容审慎态度，鼓励新业态、新产业发展。要为农村居民就地创业经商创造更为便利的条件，精简审批注册手续，提供基础设施、金融服务支持。要鼓励资本下乡，带动涉农产业、企业发展壮大。

三是提高居民财产性收入。所谓财产性收入，是指居民通过拥有可增值变现的财产获得利息收入、租金收入、转让收入。居民拥有的可增值变现资产包括资本、土地、房产、技术等。在资本市场方面，要进一步完善市场基础制度，提高信息透明度，丰富债券投资品种，规范股票市场，加强上市公司监管，规范理财产品监管。让投资者保持稳定的预期。要引导、鼓励企业减少留存收入占比，适度加大分红力度。健全中小投资者权益保护，特别是股票退市、上市公司造假场景下的权益保护机制。在土地市场方面，要加快完善农村土地制度改革，实现城乡土地"同权同价"，保障农民宅基地、耕地、农村企业土地的增值收益由农民所有。在房产方面，要采取积极举措保持房价基本稳定，规范房屋租售市场秩序，保护居民可变现房屋资产收益。在技术方面，完善技术产权保护制度，鼓励居民通过转让、吸收投资、收取使用费等方式获得收入。

四是完善社会保障制度。通过完善基本就医、养老、失业保险制度，筑牢各收入层次居民的基本保障，还要采取措施促进基本公共服务均等化，减轻居民因住房、所处区域差异导致的就医、就学、养老负担。除了已经普及的养老保险金、失业保险金、医疗保险金，还要鼓励企业事业单位缴纳企业年金、职业年金，提高职工的养老保障水平。目前，中小微企业职工、灵活就业人员社会保障机制不足、资金不足，可以采取设立公共服务平台的方式，将转移支付资金向这些人员倾斜。还要完善相关社会救济制度，为遭遇突发损失、长期面临困难的人员提供救济。

还应当鼓励有条件、有能力的企业和个人，在自愿的前提下开展多种形式的公益捐赠，向低收入群体和困难群体提供帮助。要出台和健全鼓励公益捐赠的税收制度、社会荣誉制度等。

我国人口众多，就业保障是一项长期工作。要大力发展经济，确保经济平稳健康增长。在此基础上，完善就业保障制度，鼓励劳动者自主就业，依靠市场机制调节就业，加强对劳动者权益的保护。无论政府部门、事业单位招录人员，还是市场化招录人员，都要坚持招录的标准、程序公平公正，接受社会监督。同时，要在不影响社会公众利益的前提下尽量照顾到就业困难群体。

企业是吸纳就业的主体，根据我国人口多、年度就业人员多的情况，政府可适当加大对大规模吸纳就业人员的企业的奖励措施，包括给予一次性吸纳就业补贴，扣减增值税、教育费附加、企业所得税等。企业要通过发展产业、升级产业、拓展产业吸引更多人才就业。企业要保障员工应有待遇，激励员工依靠真才实学竞争进取，同时要发扬扶危济困的传统美德，帮助困难人员。

适应经济形势和市场新需求，塑造新的职业岗位，也是扩大就业的重要方面。《中华人民共和国职业分类大典（2022年版）》比2015年版净增158个新职业，其中，首次标注97个数字职业。还有一些职业属于传统职业与新技术结合形成的职业，如在线教育、远程医疗职业等，也可以吸收年轻人就业。

人力资源不同于其他生产要素，既是生产活动参与者，又是生产活动的受益者；既要量才使用，奖优罚劣，奖勤罚懒，又要坚持人文关怀，不能完全按照绩效标准管人、用人。对所有劳动者都不要歧视。解决好各层次、各领域、各年龄段人员就业问题，需要用道德标准和经济标准"两把尺子"来衡量。

用人单位和择业人员需要信息对接，这是公共服务的重要方面。各级公共就业服务机构要发挥信息发布、职业指导、帮扶困难人员等职能，发挥人力资源晴雨表、信号塔和撮合者作用。人力资源服务机构要完善档案管理、猎头服务、测评、外包等服务机制，发挥助力就业人员自主择业、自主流动、自由竞争的功能。

政府要在就业市场中更加有为。一是通过政策宣讲、政策保障、执法监督，消除各类就业歧视，切实保障劳动者公平竞争、参与就业的权利，让人人都有通过辛勤努力实现自身发展的机会。二是要完善法律法规，保障劳动者依法取得工资奖金收入，享有社保、职业保护等基本权益；规范各行业就业劳动基准，降低就业成本，提高就业水平；依法公平处理劳动就业纠纷，维护劳动者合法权益。

针对产业升级、市场变化、业态创新等形势，各级各类院校要提前判断和布局，优化专业设置、课程和实习安排，培养社会急需的高质量人才。学校应与人力资源服务机构常态化对接，共同为学生提供就业指导和培训。还可以实行校企联合培养模式，为企业定制专业技能人才。

既要继续发挥和扩大产业密集区、资本密集区、服务密集区的就业吸纳能力，也要结合乡村振兴战略、新型城镇化建设的需要，开拓新的就业空间，鼓励支持高校毕业生到社会急需、市场急需的岗位就业。还要为再就业提供便利，为人才转岗、流动提供保障。

要扶助各类就业困难群众，一是提供公益性岗位，实行兜底安置；二是组织技能培训，帮助他们掌握一技之长；三是提供创业补贴、税费减免等政策，引导一部分困难人员自主创业。

近年来，随着互联网购物平台的普及，一些开在街头巷尾、居民小区的小餐馆、小商店、小菜店也受到了挤压。应当帮助这类"小本生意"恢复经营场景，让更多人实现就业，也保留大城市中的"烟火气"。

一些行业出现智能化、无人化作业的趋势，政府也应综合评估，采取必要措施，防范和治理"机器抢岗"的问题。比如出租车行业、快递行业，应当把无人化作业的比例控制在一定限度内，即只有在人力不足或者人力作业存在不可管控的危险时，才优先使用无人作业方式。再比如，采矿行业存在作业风险，就可以多使用无人作业方式。从危险作业中解放出来的劳动力，可以通过培训，转为物流运输、现场巡查、车辆维修等工种。总之，技术发展最终要坚持惠及普通劳动者的原则。

红利
阐释

　　提高居民收入，包括提高工资性收入、财产性收入、经营性收入等多个部分，主要是提高工资性收入。要落实好就业优先政策，通过发展经济特别是发展新质生产力提供更多就业岗位。在一次分配环节，加大对劳动者的分配，稳定资本要素分配；在二次分配环节，采取提高低收入人群收入，扩大中等收入群体规模，合理调节过高收入的原则，取缔非法收入，遏制以垄断和不正当竞争行为获取收入；在三次分配环节，鼓励高收入群体在自愿原则基础上开展捐赠活动。

6.完善养老保障

完善基本养老保险全国统筹制度，健全全国统一的社保公共服务平台。健全社保基金保值增值和安全监管体系。健全基本养老、基本医疗保险筹资和待遇合理调整机制，逐步提高城乡居民基本养老保险基础养老金。

——引自《中共中央关于进一步全面深化改革 推进中国式现代化的决定》

使命解读

截至2024年年末，我国有60周岁及以上老年人口达3.1亿。完善养老服务体系，不仅关系到当前老年人的生活保障，也关系到各年龄段居民的生活保障。这是因为，一方面，每个年龄段的居民都会走向老年，养老体系需要长期保持和不断更新；另一方面，有序的代际传承是社会稳定健康发展、民族永续发展的基本保障。

坚定的使命

我国已进入老龄化社会，需要动员全社会资源，发力扩大普惠养老供给，构建居家和社区机构相协调、医养康养相结合的养老服务体系，构建普惠、稳健、可持续的养老保障制度。

借鉴其他国家经验，我国已建立起三大支柱养老金保障体系，即第一支柱——基本养老保险金，第二支柱——企业年金和职业年金，第三支柱——个人养老金。

截至 2024 年 10 月末，我国基本养老保险参保人数达到 10.76 亿人，参保率达到 95%。第二支柱和第三支柱覆盖率环比较低。扩大企业年金和职业年金的规模，终究要靠经济高质量增长。要提高企业效益，合理规划安排企事业单位员额，确保年金与绩效相匹配。个人储蓄养老金方面，主要是"免税＋投资收益"模式，需要逐步增强这一板块的吸引力。

自 2022 年 11 月启动以来，全国已有 36 个城市实施了个人养老金制度。这些地区的居民可根据自身意愿开立个人养老金账户，每个账户每年最多可以存入 1.2 万元。账户主人自主决定这笔钱购买投资产品的品种和金额。个人养老金账户享有税收优惠政策，在缴纳环节，允许在综合所得或经营所得中据实扣除，扣除限额为每年 1.2 万元；在投资环节，计入个人养老金资金账户的投资收益暂不征收个人所得税；在领取环节，个人领取的个人养老金不并入综合所得，单独按照 3% 的税率计算缴纳个人所得税，其缴纳的税款计入"工资、薪金所得"项目。

除了对应个人户头的养老金三大支柱。还有一笔用于未来养老金给付的战略储备资金，即由全国社会保障基金理事会管理的 2.6 万亿元的养老保障金。这笔钱是为了应对我国人口老龄化趋势，作出的战略储备安排，何时投入使用，要根据养老资金缺口情况而定。

完善养老金筹集和使用机制，实现养老金使用的良性循环，要坚持资金保障和文明传承相统一。要弘扬中华民族特有的代际传承文化，把充实养老金账户和年轻人履行赡养义务的制度结合好，防止落入"单纯搞社会化养老"的陷阱。要构建科学合理、信誉度高的养老金支出制度；还要提高养老金存量的投资运营水平，在确保资金安全的情况下，进一步丰富可选择投资渠道和产品，提高增值总体效果。居民的养老钱不能过度商业化，而要以敬重之心使用和管理，体现中华文化敬老、爱老的文明价值。

近年来，党和国家对养老事业、养老产业做出了一系列政策安排。2023 年 5 月，中共中央办公厅、国务院办公厅印发《关于推进基本养老服务体系建设的意见》，提出到 2025 年，基本养老服务制度体系基本健全，基本养老服务清单不断完善，服务对象、服务内容、服务标准等清晰明确，服务供给、服务保障、服务监管等机制不断健全，基本养老服务体系覆盖全体老年人。

围绕基本养老服务清单，政府、企业、社会组织等主体按照法律规范和市场规则，加快做实中国式养老服务体系。由于各地经济条件、养老需求存在地域差异，要因地制宜落实具有普惠性质的基本养老服务清单。各地可以按照国家统一要求，根据当地情况制定本地版养老服务清单。

从 2016 年起，按照国家统一部署，我国居家和社区养老服务改革试点陆续展开，各地积极探索多种形式的居家社区养老服务，开展适老化改造，设立和增加家庭养老床位，组织探访关爱活动，提供居家助餐服务等。

截至 2024 年底，全国居家和社区基本养老服务提升行动项目累计建成家庭养老床位 35.8 万张，为老年人提供居家养老上门服务；困难老年人适老化改造项目持续推进。

在国家统筹、用人单位投入、个人储蓄三方面共同筹集养老金、发展养老事业的同时，还要引导和鼓励社会力量办养老事业。从社会投资的角度看，参与居家社区养老服务、兴办养老地产、运营养老机构、开办养老医疗场所、研发运营适老养老设施设备、培养养老助老人才，都可以获得相应的投资回报，是一条重要产业赛道。

红利阐释

居民在退休后享有养老保障是一项基本的社会福利制度。我国已建立职工养老保险和城乡居民养老保险两大制度平台。截至 2024 年 12 月末，全国社保卡持卡人数达 13.89 亿人，覆盖 98% 以上人口。近年来推进机关事业单位和企业养老保险制度并轨。已建立个人养老金制度，将进一步提高覆盖率和缴费水平。鼓励用人单位建立年金制度。还要建立对困难人群的兜底养老保障制度。

7.建设全国统一大市场

构建全国统一大市场。推动市场基础制度规则统一、市场监管公平统一、市场设施高标准联通。加强公平竞争审查刚性约束，强化反垄断和反不正当竞争，清理和废除妨碍全国统一市场和公平竞争的各种规定和做法。

——引自《中共中央关于进一步全面深化改革 推进中国式现代化的决定》

构建全国统一大市场，是优化要素配置水平，推动经济高质量发展，提高我国整体竞争力的必然选择。

我国是世界第二大经济体、制造业第一大国、货物贸易第一大国、商品消费第二大国，在全球经济体系中发挥着重大支撑和引领作用，但市场规模大不等于质量高、效率高。要进一步增强市场的制度吸引力，高质量集聚各类生产要素，形成产业链、供应链、价值链更为强劲的全国统一大市场，需要进行系统化制度改革。

我国市场容量大，消费者、投资者、经营者对市场秩序和活跃度的期待很高，在一些地方一些领域存在的地方保护主义、行业垄断和不正当竞争、价格机制扭曲、市场条块分割等问题严重影响了市场公平、透明和畅通。为此，要从现代化市场体系建设的高度，推动市场基础制度规则统一、市场监管公平统一、市场设施高标准联通。

为了建设全国统一大市场，2020 年 4 月出台了《中共中央、国务院关于构建更加完善的要素市场化配置体制机制的意见》，2021 年 1 月中共中央办公厅、国务院办公厅印发了《建设高标准市场体系行动方案》，2022 年 4 月出台了《中共中央、国务院关于加快建设全国统一大市场的意见》。这三个文件立足于基础制度建设、畅通市场大循环、提高资源配置效率，重点对土地、劳动力、资本、技术、数据等要素市场建设提出目标、明确举措。

在市场基础制度方面，近两年进一步完善了产权界定和保护制度、市场准入负面清单制度、公平竞争制度。2024 年 6 月，国务院发布《公平竞争审查条例》，于 2024 年 8 月 1 日起实施。其中明确了出台政策措施不得含有的限制或者变相限制市场准入和退出的内容，不得含有的限制商品、要素自由流动的内容，不得含有的影响生产经营成本、生产经营行为的内容，严格限制了通过部门或地方性政策限制要素自由流动、市场公平竞争的行为。

为推动要素市场在公平统一规则下流动和配置，党中央国务院从劳动力、资本、土地、技术、数据等方面加强制度建设，清理不合时宜的制度，补上缺失的制度，包括构建城乡统一的建设用地市场，全国一体化技术和数据市场，统一规范、信息共享的招标投标和公共资源交易平台体系，一体衔接的流通规则和标准，全国统一电力市场等。健全劳动、资本、土地、知识、技术、管理、数据等生产要素由市场评价贡献、按贡献决定报酬的机制。推进水、能源、交通等领域价格改革，优化居民阶梯水价、电价、气价制度，完善成品油定价机制。让市场决定价格，让价格引导资源配置。

在构建城乡统一的建设用地市场方面，要加快修改完善土地管理法实施条例，完善相关配套制度，制定出台农村集体经营性建设用地入市指导意见。全面推开农村土地征收制度改革，实行农村集体经营性建设用地与国有土地同等入市、同权同价，扩大国有土地有偿使用范围。建立公平合理的集体经营性建设用地入市增值收益分配制度。在对土地征收的公共利益进行明确界定的基础上，进一步完善公共利益征地的相关制度规定。

在促进劳动力要素畅通流动方面，要推动超大、特大城市调整完善积分落户政策，在长三角、珠三角等城市群探索户籍准入年限同城化累计互认。放开放宽除个别超大城市外的城市落户限制，试行以经常居住地登记户口制度。建立城镇教育、就业创业、医疗卫生等基本公共服务与常住人口挂钩机制，推动公共资源按常住人口规模配置，推动城镇基本公共服务覆盖常住人口。

在促进资本要素优化配置方面，要向科技创新企业，向中小企业倾斜。在有效防范化解风险的前提下，增加服务小微和民营企业的金融服务供给，构建多层次、广覆盖、合理分工的银行类金融机构体系。要建设安全、规范、透明、开放、有活力、有韧性的资本市场，改革完善股票市场发行、交易、退市等制度。丰富债券市场品种，构建统一债券市场。

在促进技术要素流动和交易方面，可以建立专业技术转移机构和技术经理人制度，完善评估体系，促进技术要素和资本要素融合发展。科研国际合作是技术要素市场化配置的重要渠道，应合理吸收外籍科学家领衔承担政府支持科技项目，同时完善外部人才引进制度。

在促进数据要素流动和交易方面，要进一步探索定价评估机制，探索数据交易所挂牌交易模式。要在交易合规和市场创新之间找到平衡，为数字经济创新发展留出空间。

要进一步提升市场运行的质量。包括提升商品质量、服务质量、流通质量、投资质量，提高消费者、投资者保护水平，提高市场基础设施水平。

要完善现代化市场监管机制。推进综合协同监管，加强重点

坚定的使命

领域监管，健全依法诚信的自律机制和监管机制，健全社会监督机制，加强对监管机构的监督，维护市场安全和稳定。全面推行"双随机一公开"监管，对新业态采取包容审慎监管原则，完善信息披露制度。实行市场主体信用承诺制度，完善信用分级分类监管体系。发挥行业协会商会、专业化服务组织的监督作用，发挥公众和舆论监督作用。要提高民商事法执法水平和效能。

红利阐释

　　全国统一大市场，就是在全国范围内实现市场基础制度规则统一，市场监管公平统一，市场设施高标准联通，消除地方保护主义、行业保护主义，消除所有制歧视。土地、劳动力、资本、技术、数据等要素市场实现依法竞争、优化配置，实现货物、能源、资源在全国范围内畅通无阻、公平公正，各市场主体合法权益得到充分保护。提高生产要素全市场优化配置，将显著提高经济运行效率，也将淘汰落后的经营方式和经营主体。在此过程中，要注意保护好就业困难人群。

8.发展壮大民营经济

制定民营经济促进法。深入破除市场准入壁垒，推进基础设施竞争性领域向经营主体公平开放，完善民营企业参与国家重大项目建设长效机制。支持有能力的民营企业牵头承担国家重大技术攻关任务，向民营企业进一步开放国家重大科研基础设施。

——引自《中共中央关于进一步全面深化改革　推进中国式现代化的决定》

使命解读

民营经济在我国经济体系中占据重要地位，与国有经济共同作为支撑中国式现代化的强大力量。民营经济具有三个主要特点：一是在充分竞争领域立业、展业，具有较强的市场适应性和灵活度，能够及时调整经营策略；二是覆盖大部分产业链中后端和民生所需的生产和服务，具有广泛性和长尾特征；三是成长快，创新发展的贡献大，大量民营

坚定的使命

> 企业从不起眼的"小不点"长成担大任的"大块头",涌现一批"小巨人""隐形冠军"甚至世界一流企业。

2025年2月17日,习近平总书记出席民营企业座谈会,听取民营企业负责人代表发言,并发表重要讲话。

民营企业快速发展是我国社会主义事业发展的成果,也是事业进一步发展壮大的基础。持续优化营商环境,让民营企业特别是中小微企业释放活力,发挥创造力,是长久之计。要准确认识和把握国有经济和民营经济的关系,两个方面只有分工不同,没有市场竞争意义上和市场主体责任义务上的不同。要继续坚持"两个毫不动摇",把国有企业和民营企业都搞好。国有企业和民营企业要互相促进,各展所长。

截至2024年9月底,民营企业在册数量超过5500万户,占全国企业总量的92.3%,个体工商户达1.25亿户,民生产业覆盖率很高。同时,民营企业贡献了65%的专利、75%以上的技术创新、80%以上的新产品开发,创新融合能力十分强劲。2024年全年,民营企业进出口额占全国的55.7%,2019年开始已成为我国第一大外贸经营主体。

同时,民营经济发展仍面临一些问题和挑战。市场准入和要素获取等方面矛盾仍较为突出,企业产权和企业家权益保护还不充分,有的地方政府对民营企业吃拿卡要,损害企业发展生态,有的企业自身管理不规范,"连环欠"问题一再发生,发展方式粗放，现代企业制度建设滞后。

针对这些问题，党中央、国务院出台了一系列制度措施。2023年7月，《中共中央 国务院关于促进民营经济发展壮大的意见》发布，从发展环境、政策支持、法治保障、社会氛围等方面提出31条具体举措。随后，国家发展改革委成立民营经济发展局，一些地方政府也相继成立类似部门。《民营经济促进法》立法工作已在路上。在此基础上，仍需统筹各方资源，在改善民营经济营商环境上下大功夫。

一是优化民营企业发展环境。推动各类经营主体依法平等进入负面清单之外的行业、领域、业务。《公平竞争审查条例》规定，"保障各类经营者依法平等使用生产要素、公平参与市场竞争"。按照这一原则，只应以企业是否合法准入、是否合法经营为监管标准，而不能增加其他标准。各部门、地方政府起草、发布政策措施，都要经过公平竞争审查，并由市场监督管理部门强化公平竞争审查工作监督保障，建立健全公平竞争审查抽查、举报处理、督查等机制。

民营企业获取贷款、申请发行债券和股票，与其他企业一视同仁。要加大对民营企业的信贷投入，健全风险分担和补偿机制，支持符合条件的民营企业上市融资和再融资。落实资本市场服务科技企业高水平发展措施，加大对初创期、种子期创业的支持力度。支持包括民营企业在内的数据要素型企业做优做强。

还要对政府部门、行业协会等乱收费、乱罚款、乱摊派、乱评比等现象进行集中整治。也要加强民营企业自我保护能力，增强民营企业自身的法治意识，鼓励它们维护自身合法权益。

二是强化民营经济发展法治保障。在政法领域，防范不当立案、选择性执法司法、趋利性执法司法或地方司法保护。避免超权限、超范围、超时限查封扣押冻结财产。依法依规开展羁押、留置等措施，依规依纪依法开展审查调查工作。修订保障中小企业款项支付条例，进一步完善解决机关、事业单位、大型企业拖欠中小企业账款问题的制度安排。

清理涉及不平等对待企业的法律法规政策，在宏观政策取向一致性评估中对涉及民营经济政策开展专项评估。持续拓宽民营企业参与政府决策渠道。

三是加强国家重大项目、重大工程和特定领域对民营经营主体的开放程度和对接程度。要鼓励符合要求的非公有制经营主体在国家重大建设工程、重大产业项目和特定领域发挥作用，发挥技术、资本、人力、管理、流通、运营等方面的优势。鼓励国有企业将相关产业链上的业务交付符合要求的中小民营企业参与，形成大中小型企业融合发展、国有资本和各类资本合作发展的局面。

在具体项目招投标、金融监管、财务管理、安全保障等方面，严格依照法律规定和市场原则管理。防止各种形式的利益输送以及其他违法违规行为。鼓励在准入公平、监管公平的制度框架下，各类企业展开市场竞争。

四是加强民营企业自身建设。要鼓励有条件的民营企业建立现代企业制度，完善法人治理结构、规范股东行为、强化内部监督、健全风险防范机制，注重发挥党建引领作用，提升内部管理水平。同时，政府和社会各界要给予优秀民营企业、民营企业家以社会荣誉和尊重。要更加注重呵护中小企业，对于具备竞争力的、形成了良好企业文化的中小企业，要给予社会褒扬和社会荣誉。

法治是最好的营商环境。优化营商环境的本质是依法监管执法、依法保护公平竞争，让各类企业都不因人为设定的门槛而困扰。如此，中小企业就能够有发展壮大的机会，大中型企业则要更多承担维护公平秩序的责任，不搞行业垄断。

民营企业中有少量大块头企业，但大量属于中小块头甚至小微主体。发展壮大民营经济，要大中小兼顾，营造预期稳定、政策稳定、链条稳定的良好经济生态。部分中等及以上民营企业处于产业链低端，即便它们拥有创新思维和开拓性的经营手段，但受限于科技创新投入规模以及各类要素资源的约束，技术创新以及业态创新容易陷入低端锁定。目前，全球范围内的产业链、供应链加速重构，我国民营企业如何应对，尤其应当引起重视。

要特别重视民营企业的政策供给，让具备一定条件的民营企业参与原始创新，鼓励国有企业、国家创新平台开辟民营企业、民营资本参与的渠道，促进民营经济和国有经济的融合发展。

红利阐释

民营经济是我国重要的经济力量，与国有经济一起为经济社会发展提供研发、投资、生产、流通、服务等全链条产业支撑，创造经济增加值，提供就业岗位。民营经济与国有经济相互融合、相互嵌入、相互促进，尽管民营经济发展的法律政策环境已有很大进步，但歧视甚至阻碍民营经济公平竞争的情况依然存在。要切实落实"民营经济是我国经济制度的内在要素、民营企业和民营企业家是我们自己人"的理念，完善制度，促进非公有制经济健康发展和非公有制经济人士健康成长。

9. 落实好"两个毫不动摇"

坚持和落实"两个毫不动摇"。毫不动摇巩固和发展公有制经济，毫不动摇鼓励、支持、引导非公有制经济发展，保证各种所有制经济依法平等使用生产要素、公平参与市场竞争、同等受到法律保护，促进各种所有制经济优势互补、共同发展。

——引自《中共中央关于进一步全面深化改革 推进中国式现代化的决定》

使命解读

关于"两个毫不动摇"，在不同历史时期有相应的表述，但其基本逻辑、基本底色、根本支撑，并没有变化。

党的十八大以来，中小企业获取金融资源的机制发生历史性改变。截至 2024 年底，全国普惠型小微企业贷款余额 32.93 万亿元，较年初增长 14.6%；当年新发放的普惠型小微企业贷款平均利率 4.42%，较 2022 年下降 0.83 个百分点。获得贷款支持的科技型中小企业 26.25 万家，获贷率 46.9%。2023 年国家发展改革委成立民营经济发展局，一些地方政府也相继成立类似部门，目的是针对民营企业发展中遇到的问题，加强监管协调，把"两个毫不动摇"落到实处。

"两个毫不动摇"，即毫不动摇巩固和发展公有制经济，毫不动摇鼓励、支持、引导非公有制经济发展，是党的十一届三中全会后确立的大政方针，并在法律制度、政策和实际工作中得以贯彻落实。党的十九大把"两个毫不动摇"写入新时代坚持和发展中国特色社会主义的基本方略，党的二十大把"两个毫不动摇"列为构建高水平社会主义市场经济体制的重要内容。

每隔一段时间，社会上就会出现对民营经济和国有经济地位的不正确议论，对社会信心和发展大计带来严重不良影响。

出现上述偏颇甚至错误的观点，与国际经济环境发生较大变化，我国经济发展进入调整换挡关键期，不少企业经营遇到较大困难有关，也与支持民营经济的政策措施落实不完全到位有关，还与体制机制改革、监管执法带来的一些短期波动有关。由于民营企业大多处于竞争性行业，并且处于产业链的中端和后端，消化各种波动因素的能力相对较弱。

还有一些特定行业，在过去很多年里形成了扭曲的发展模式，到了不调整不行的地步，其调整必然引发一定的市场震荡。比如房地产行业，其长期积累的风险在这两年相继释放出来，一些企业难以维系,这被错误地认为是政策打压的结果。而从长期和全局看,促进房地产行业摆脱"高负债、高杠杆、高周转"模式,有利于国民经济大局,也有利于行业自身发展。

可见,所谓"民营经济离场论""国进民退论"等观点,在很大程度上混淆了市场环境因素、企业经营因素和政策因素的影响,把一些企业经受不住市场考验一股脑归到了政策上。当然,我们不否认存在政策落实不到位的地方,而且要加大工作力度,但我们也要区别不同因素、不同情况、不同问题。

准确理解、深入落实"两个毫不动摇",应当消除"所有制过敏症"。公众在认同法律规定、市场规则的基础上,应更多地从市场主体一般规律出发,来看待各类企业面临的经营发展问题;而不能简单地以国有还是民营划界,继而据此分析企业遇到的发展问题。这样,才能走出关于民营经济与国有经济讨论的怪圈。

从市场主体一般规律来看,企业规模有大、中、小,竞争力也有强、中、弱,它们必然分布在产业链、供应链、价值链的不同环节,其生产规模、实力强弱也会随着市场环境和经营的变化而变化。应对中短期市场因素变化,从政府来讲,应当紧跟形势变化,及时完善政策并加以落实;从企业来讲,无论国有企业还是民营企业,都应当因时因势调整战略和策略,消化相关风险因素。

社会上有一种说法:政府对民营企业最大的支持就是不要去

坚定的使命

管它。对这个说法要予以辨析。一方面，企业作为市场主体，自负盈亏、自担风险；另一方面，政府承担着监管责任。构建高水平的社会主义市场经济体制，要充分发挥市场在资源配置中的决定性作用，更好发挥政府作用。所谓"对民营经济不要去管"的说法是不科学的。准确的说法是：不能滥用行政手段干预企业正常经营活动，宏观指导不能异化为行政干预，监管和执法都必须依法进行。

需要强调的是，政府对涉及公共利益的经济活动进行必要的组织、促进、调控和监管，是应尽之责。政府履行这些职责，一要在法律轨道上办事，二要提高工作艺术，加强与市场主体沟通，注重政策的稳定性、协调性、系统性。构建高水平社会主义市场经济体制，落实好"两个毫不动摇"，必须把市场和政府两个作用都发挥起来。

从长期来讲，政府的主要责任是构建公平、公正、公开的营商环境，依法监管和执法。各类企业在市场中依法竞争，胜败乃兵家常事。无论国企、民企、外企，都要依法合规经营，都没有"法外施恩"的特权，也都没有"额外市场保护"的特权。这才是社会主义市场经济思维。

在厘清思想认识的基础上，要完善制度，引导舆论，进一步形成各种所有制企业竞相发展的局面，在优化整体营商环境上下大功夫，要形成法治化、制度化、市场化的机制保障。

一是在市场准入、要素获取、公平执法、权益保护等方面进一步提升公平度。只应以企业是否合法准入、是否合法经营为监管标准，而不能增加其他标准。

二是加强国家重大项目、重大工程和特定领域对民营经营主体的开放程度和对接程度。

三是给予优秀民营企业、民营企业家以社会荣誉和尊重。

同时，营商环境更加优化和友好，本质是依法监管市场，让全国统一大市场充满活力；各类企业都不再因人为设定的门槛而困扰；中小企业能够有升级壮大的机会，大型企业主动承担更多的社会责任。一句话，"两个毫不动摇"要形成法治化、制度化、市场化的机制保障。

红利阐释

党的十六大提出"毫不动摇地巩固和发展公有制经济"，"毫不动摇地鼓励、支持和引导非公有制经济发展"。党的十八大提出"毫不动摇巩固和发展公有制经济，毫不动摇鼓励、支持、引导非公有制经济发展，保证各种所有制经济依法平等使用生产要素、公平参与市场竞争、同等受到法律保护"。党的十九大把"两个毫不动摇"写入新时代坚持和发展中国特色社会主义的基本方略，作为党和国家一项大政方针进一步确定下来。党的二十大把"两个毫不动摇"

坚定的使命

列为构建高水平社会主义市场经济体制的重要内容。准确把握"两个毫不动摇",将"两个毫不动摇"统一到促进公平竞争、不断优化营商环境上来,可以减少不必要的争论,定下心来谋发展,实现各类企业各就各位、各显神通,共同分享红利。

10. 做优国资国企

深化国资国企改革，完善管理监督体制机制，增强各有关管理部门战略协同，推进国有经济布局优化和结构调整，推动国有资本和国有企业做强做优做大，增强核心功能，提升核心竞争力。

——引自《中共中央关于进一步全面深化改革　推进中国式现代化的决定》

国有资本和国有企业是我国经济健康和可持续发展的中流砥柱：一方面，国有资本和国有企业要发挥战略安全、产业引领、国计民生、公共服务等功能，做重点行业、重要领域的压舱石、定盘星；另一方面，国有资本要在经济体系和市场体系中发挥示范作用、协同作用，在充分竞争领域不与民争利，在需要社会协同、市场协同时主动协同。

坚定的使命

国有企业要带动民企共同发展，在相互合作中实现共赢。

国有资本和国有企业要遵循市场规律，进一步做大做强做优。国有资本和国有企业提质增效，不能只眼光向内，还要眼光向外，不能只算国有企业自身的财务账，还要算社会效益账和政治账。国有企业经济效益好，部分原因是国家授予其相应的权限，其可以更加便利地组织要素资源和运营资源。国有企业要主动增强反垄断意识、公平竞争意识，经营中要充分注重社会效益、社会责任，这是一条重要政治原则。

国有企业不仅要在国内"拔头筹"，还要在国际竞争中占优势，要积极和跨国企业"抢订单"。要坚持国际化经营方向，加强对外开放合作，下功夫打造现代产业链链长，提升在全球产业分工地位和话语权。通过对外投资并购、优化全球布局、打造国际品牌，强化全球价值链掌控力。增强主动运用、积极引领塑造国际规则的能力，以高质量共建"一带一路"为契机，带动中国装备制造、技术、标准和服务共同"走出去"，不断向全球产业链、价值链中高端迈进。

国有资本、国有企业要主动担起科技创新领军者责任。要充分发挥新型举国体制优势，围绕基础研究和应用基础研究、"卡脖子"关键核心技术攻关、前沿性颠覆性原创技术研究，不断加大研发投入，带动产业链上中下游企业共同参与，打造创新联合体升级版，大力推进科技攻关，努力掌握更多拥有自主知识产权的关键核心技术。要加强企业主导的产学研深度融合，牵头或参与建设国家实验室、全国重点实验室等国家级创新平台，加强与科研院所、高等学校等创新主体深度合作。主动开放创新资源，提供技术牵引和转化支持，积极开展首台（套）装备、首批次材料、首版次软件应用，促进科技成果转化。要带头加强高水平人才集聚平台建设，用平台支持各类企业开展科技创新。

国有资本、国有企业要在建设现代化产业体系过程中发挥引领作用。一是引领传统产业转型升级。深入实施产业基础再造工程和制造业高质量发展专项工作，加快技术改造和设备升级，优化重大生产力布局，推动传统产业高端化智能化绿色化发展，增强高铁、电力装备、新能源、通信设备等领域的全产业链优势，全面提升我国产业基础高级化和产业链现代化水平。

二是引领战略性新兴产业集群化发展。加强与民营企业等各类所有制企业在新领域新赛道的互利合作，大力发展集成电路、工业母机、新一代移动通信、工业软件、人工智能、生物技术、新能源、新能源汽车、新材料等科技含量高、带动作用大的战略性新兴产业，积极培育孵化未来产业，加快构建集群化发展优势，努力抢占科技革命和产业变革的制高点。

国有资本、国有企业要继续发挥好保障重点领域安全、国家战略安全的功能。要强化重点领域布局，通过市场化方式，强化国有经济在国防军工、能源资源、粮食供应等领域的控制地位，增加医疗卫生、健康养老、防灾减灾、应急保障等领域有效供给。增强重要能源资源托底作用，加强重要能源、矿产资源国内勘探开发和增储上产，推进油气资源进口多元化，提升对运输通道的掌控力。强化重要基础设施建设，加大对新型基础设施建设的投入，维护能源、交通、通信等基础网络安全。

国有资本、国有企业要带头落实《关于完善中国特色现代企业制度的意见》有关要求，加强党的全面领导，完善党领导国有企业的制度机制，推动国有企业严格落实责任，完善国有企业现代公司治理，加强对国有资本监督管理，树立起现代新国企形象。

要进一步推进国有企业整合重组、有序进退、提质增效，从整体上增强服务国家战略的能力。坚持以企业为主体、市场化为手段，突出主业、聚焦实业，更加注重做强和做专。坚决遏制部分国有企业盲目多元化、"铺摊子"倾向。加快推动集成电路、工业母机、装备制造、电子信息、医疗健康、检验检测等关键领域整合重组，加大新能源、矿产资源、主干管网、港口码头等领域专业化整合力度。

要进一步完善中国特色国有企业现代公司治理和市场化运营机制。分层分类动态优化党委（党组）前置研究讨论重大经营管理事项清单，完善"三重一大"决策机制，配齐建强董事会，用好外部董事。深化劳动、人事、分配三项制度改革，构建市场经济条件下的国有企业经营责任制，健全更加精准灵活、规范高效的收入分配机制，激发各级干部员工干事创业的主动性和创造性。

要进一步健全以管资本为主的国资监管体制，建立国有企业履行战略使命评价制度。完善国有企业分类考核评价体系，深化分类考核、分类核算，完善国有企业功能界定与分类指引，优化考核办法。在中央企业实行"一业一策、一企一策"的考核。健全以党内监督为主导，出资人监督与纪检监察监督、巡视监督、审计监督、财会监督、社会监督等各类监督贯通协同机制，强化企业内部监督。完善权责清单管理，动态优化授权事项，构建上下贯通、实时在线的数字化智能化监管体系，提升国资监管的科学性、针对性和有效性。

要提高国有资本投资公司、运营公司管理运营水平。要坚持政治引领，聚焦战略安全、产业引领、国计民生、公共服务等领域，聚焦战略性新兴产业和未来产业，以国家产业政策和市场为导向，选准选好重点投资领域，当好长期资本、耐心资本、战略资本，做产业投资的引领者、持续回报的投资者。

要坚持统筹发展和安全，牢牢守住不发生重大风险和系统性风险的底线。要严防严控债务风险，加强穿透监测，强化刚性约束，防范"超级股东"行为；有效防范化解金融业务风险，聚焦信托、财务公司、商业保理、基金等重点领域，扎实推进专项治理，严把金融业务入口关，加强金融衍生业务风险管控。

坚定的使命

红利阐释

　　国有资本和国有企业是中国特色社会主义的重要物质基础和政治基础。必须旗帜鲜明做强做优做大国有资本和国有企业。要继续推动国有资本向关系国家安全、国民经济命脉的重要行业和关键领域集中，向关系国计民生的公共服务、应急能力、公益性领域等集中，向前瞻性战略性新兴产业集中。目前一些国有企业存在资产收益率不高、创新能力不足、价值创造能力不强等问题。要进一步推进国有经济布局优化和结构调整，深化分类改革、分类考核、分类核算，健全推进原始创新制度安排，完善管理监督体制机制。把国资和国企做强，意味着国家综合实力有稳固支撑，民资、民企在市场竞争中也大有空间、大有可为，能够在产业链中实现更好发展。

11. 实现高水平开放

必须坚持对外开放基本国策，坚持以开放促改革，依托我国超大规模市场优势，在扩大国际合作中提升开放能力，建设更高水平开放型经济新体制。

——引自《中共中央关于进一步全面深化改革　推进中国式现代化的决定》

使命
解读

中国大市场、中国产业链已经是全球大市场、全球产业链的重要组成部分，中外资本、中外企业都要在中国市场开展各类经营活动。中国大市场既为本国人民提供就业和生产、消费条件，也为外资、外企提供了投资兴业的重大机遇。可以说，中国发展稳定，世界就会发展稳定；中国市场出现波动，世界就会波动。进一步增强中国大市场的定海神针作用，并在市场优势基础上增强制度优势，持续

坚定的使命

> 为世界经济增长注入动力，就必须海纳百川，必须进一步建设高水平开放型经济新体制。

在全球经济增长动力下降的大背景下，中国加大对外引资力度，既是保持和增强本国竞争力的必要举措，也可以更好配置全球资源，促进全球经济稳定增长、优化增长，体现了中国负责任的态度。同时，我国主动对接国际高标准经贸规则，加强开放型经济制度建设，扩大跨国资本、跨国企业在中国市场发展的适应度、舒适度。

党中央国务院持续就稳外资问题作出部署，推出一系列有效举措。国家发展改革委和商务部多次召开外资企业座谈会，听取他们的意见；商务部连续组织数十场国际招商活动；外交部也配合地方政府开展对外市场推介活动。

2024年2月28日，国务院办公厅印发《扎实推进高水平对外开放更大力度吸引和利用外资行动方案》，明确列出24条措施。其中，全面取消制造业领域外资准入限制措施，持续推进电信、医疗等领域扩大开放；允许北京、上海、广东等自由贸易试验区选择若干符合条件的外商投资企业在基因诊断与治疗技术开发和应用等领域进行扩大开放试点；支持信息服务（限于应用商店）等领域开放举措在自由贸易试验区更好落地见效；在保障安全、高效和稳定的前提下，支持符合条件的外资机构依法开展银行卡清算业务。深化商业养老保险、健康保险等行业开放，支持符合条件的境外专业保险机构在境内投资设立或参股保险机构；优化外资金融机构参与境内资本市场有关程序，进一步便利外资金融机构参与中国债券市场。支持符合条件的外资金融机构按规定参与境内债券承销。其中，推动外资金融机构参与中国金融市场、简化相关准入程序的做法，受到广泛欢迎。

在推出国内经济发展议程时对外资一视同仁，是近年来对外开放的一个突出做法。2024年6月国务院明确提出，要优化政策实施的细节，一视同仁支持内外资企业参与大规模设备更新、政府采购和投资等。2024年7月17日，商务部召开大规模设备更新和消费品以旧换新政策专场解读外资企业圆桌会，明确中国将一视同仁支持内外资企业参与大规模设备更新和消费品以旧换新，以及相关政府采购和项目投资等。到2027年，大规模设备更新和家电以旧换新将带来超5万亿元的大市场。外资企业参与这一进程，将有机会获得相应的投资回报。

国务院还要求，持续提升外资投资便利化水平，优化药品、医疗器械等领域外资政策，拓展保税维修新业态新模式，进一步强化服务保障机制。

我国自贸试验区（港）在高水平对外开放进程中的作用日益扩大。截至2024年，我国已拥有22个自贸试验区。由《外商投资法》确立的准入前国民待遇加负面清单管理制度是自贸区形成的最重要制度成果。

中国积极推动制度型对外开放，将"外资来华投资做大蛋糕"

与"中外合作促产业链供应链稳定升级"统一起来。2017 年至 2021 年连续 5 年修订全国和自贸试验区外资准入负面清单，两个清单的限制措施分别由 93 条、122 条缩减至 31 条、27 条，在制造业、采矿业、农业、金融业等领域推出了一系列重大开放措施，其中自贸试验区外资准入负面清单制造业领域限制措施已于 2021 年实现"清零"。

2022 年版《鼓励外商投资产业目录》，加大了先进制造、高新技术、节能环保等领域的支持力度，并着重鼓励外资对中西部地区基础制造、适用技术、民生消费等领域加大投资。积极支持集成电路、生物医药、高端装备等领域外资项目纳入重大和重点外资项目清单，允许享受相应支持政策。

2024 年 11 月 1 日，《外商投资准入特别管理措施（负面清单）（2024 年版）》正式施行，全国外资准入负面清单限制措施由 31 条压减至 29 条。其中，删除了制造业领域仅剩的 2 条限制措施，一是"出版物印刷须由中方控股"，二是"禁止投资中药饮片的蒸、炒、炙、煅等炮制技术的应用及中成药保密处方产品的生产"。制造业领域外资准入限制措施实现"清零"。

在贸易转型升级方面，自贸区的国际贸易单一窗口制度模式带动了全国的贸易便利化工作。截至 2024 年 6 月，通关无纸化率超过 90%，进出口货物的整体通关时间从 33 小时压缩至 3.12 小时。在政府职能转变方面，自贸区推进的"放管服"改革提供了重要经验。其中，在简政放权上，自贸区建立了注册资本认缴登记、先照后证、证照分离、多证合一、审批注册单一窗口等新商事管理制度；在监管改革上，自贸区对入区货物建立了"双随机、一公开"抽检制度和以信用为核心的市场监管制度；在优化服务上，自贸区全面推行"一窗通办"改革，推动了政府服务效能不断提升。在金融开放创新方面，自由贸易账户在自贸区落地并向全国推广。2023年7月，包括"跨境人民币全程电子缴税"在内的6项金融开放领域制度创新，在全国范围内复制推广。

目前，各自贸区还聚焦知识产权、竞争政策、政府采购、环境保护等相关"边境后"规则，加大压力测试力度，为推动我国加入《全面与进步跨太平洋伙伴关系协定》（CPTPP）和《数字经济伙伴关系协定》（DEPA）等高标准经贸协定提供实践支撑。

2024年11月14日，中国与DEPA成员部长级会议在亚太经合组织（APEC）部长级会议期间举行，各方就谈判取得的进展和下一步工作计划深入交换意见。

2024年11月21日，商务部新闻发言人介绍了中国加入CPTPP的最新进展，中方将继续按照CPTPP有关程序，与各成员开展深入沟通交流，积极推进加入CPTPP进程。同时，坚决落实中国共产党二十届三中全会要求，稳步扩大制度型开放，主动对接CPTPP等国际高标准经贸规则，推动在产权保护、产业补贴、环境标准、劳动保护、政府采购、电子商务、金融等领域进一步实现规则、规制、管理、标准相通相容。

尚未设立自贸区的省份也在积极借鉴自贸区的成功经验，因地制宜开展推广工作。国家支持有条件的地区在自由贸易试验区改革经验叠加效应基础上进行集成创新，释放改革红利。

我国面向全球持续扩大高标准自贸区网络，2023年，《区域全面经济伙伴关系协定》（RCEP）对15个成员国全面生效。我国还与厄瓜多尔、尼加拉瓜、塞尔维亚、新加坡等多国新签或升级了自贸协定。截至2024年，自贸伙伴已增至29个，与自贸伙伴贸易额占外贸总额比重超过1/3。

我国扩大制度型开放，深化外贸体制改革，深化外商投资和对外投资管理体制改革，既要鼓励优质外资、外企进入中国，也要鼓励优势中资企业参与国际市场竞争，以全球视野配置要素资源，实现互利共赢。但也要注意到，全球性竞争也是客观存在的。在全球经济下滑之际，不仅全球性招商引资竞争激烈，而且逆全球化思潮、贸易保护主义不时抬头，贸易金融霸权也兴风作浪。

我们要认识到，外来投资减少不是一国一域的问题，而是全球性问题。2021年，全球跨境投资达到历史较高水平，主要原因是受疫情阻断供应链影响，投资出现补偿性、救急性叠加增长。2021年后，全球跨境投资出现较大幅度回落，并且有蔓延趋势。联合国贸易和发展会议数据显示，扣除跨国企业投资中转地这个因素后，2022年全球FDI比2021年下降12%，2023年全球FDI又比2022年下降了2%。在2022年全球FDI下降的大背景下，中国FDI规模同比增加5%，为1891亿美元，占全球 FDI 规模的 14.6%，环比上升 2.4 个百分点。美国 FDI 规模下降 26.5%，为 2851 亿美元，占全球 FDI 规模的 22%，环比下降 4.2%。

2023 年以来，我国实际使用外资的增量出现下降，但存量规模仍处于历史高位。2024 年全年，我国实际使用外资为 8262.5 亿元，虽然同比下降 27.1%，但高技术制造业使用外资上升幅度较大，显示我国引资结构发生了积极变化。同时，自 2021 年以来，我国连续 3 年引入外资规模超过 1 万亿元，集中释放了需求，2024 年引资规模有所收缩，但仍处于历史高位。

2018 年美国挑起对华贸易摩擦后，两国贸易大幅度降温，主要表现为美国减少从中国的进口。针对这一变化，中国积极主动调整贸易结构，包括区域结构、产业结构、产品结构。在区域结构方面，改变了过度依赖传统美欧市场的取向。2023 年 9 月，东盟首次超越美国和欧盟，成为中国的第一大出口市场。同时，"一带一路"合作国家在中国出口中的占比持续上升。2023 年，我国对共建"一带一路"国家进出口占比提升至 46.6%，2024 年超过 50%。2023 年我国对拉美地区、非洲地区进出口分别增长 6.8%和 7.1%，2024 年分别增长 6.0%和 6.1%。

结构调整后，中国出口继续在国际市场保持基本稳定的份额，贸易活跃度保持较高水平。据商务部数据，2023 年中国出口国际市场份额保持在 14%左右，2024 年继续保持这一水平。至 2024 年中国连续 8 年保持货物贸易第一大国地位，连续 16 年保持进口全球第二。

中国的出口商品结构正在向中高端技术密集型产品转移。2023年，电动汽车、锂电池、太阳能电池等"新三样"产品合计出口1.06万亿元，增长近30%。2024年前三季度，"新三样"出口额达7578.3亿元。2024年，我国货物贸易进出口总值43.85万亿元，同比增长5%。技术含量及附加值高的机电产品占出口比重近六成，我国制造业在全球供应链中的地位稳步提升。

新业态蓬勃发展，2023年跨境电商进出口增长15.6%，出口增长19.6%。2024年跨境电商进出口2.63万亿元，增长10.8%。目前我国企业建设的海外仓已超过2500个，面积超过2500万平方米。贸易新主体也应运而生——2024年我国有进出口实绩的外贸经营主体首次突破70万家，其中民营企业表现突出，进出口增长8.8%，占比升至55.5%。

展望未来，我们将进一步优化产品结构、增强产品竞争力，同时动态优化出口地区结构，促进对美欧出口份额企稳，对共建"一带一路"国家出口持续增加，确保出口份额总体稳定。

优化外贸结构，既包括出口结构优化，也包括进口结构优化，其本质是以全球视野配置贸易资源、促进国内大循环与国际大循环良性互动。

从进口看，我国一方面保持进口能源及能源产品的多元化地区分布，防范进口地过于集中导致进口风险，另一方面加强与能源产出国、过境国的合作，增强海陆能源运输保障能力。我们还采取多种措施强化境外重大能源项目动态监测和风险预研预判，按照多元化战略，加强海外能源资源供应基地建设。从粮食等农产品进口看，一是坚持渠道多元化，与主要产量大国都保持稳定的贸易合作；二是坚持品种多元化，除了进口大豆、玉米、小麦、大米、高粱、大麦、木薯等原粮外，也进口肉类、油脂油料以及乳制品、啤酒麦芽、进口酒等粮油制成品。

中国庞大的市场既是各国能源、农产品的最终消费之地，也是相关国家资源进行优化配置之地。中国土地少、人口多，均衡进口人民群众所需的农牧产品，相当于节约了国内的土地资源；合理进口能源，可以实现与出口国的合作共赢。2023 年，我国农产品进口额比上年增长 5%，能源产品进口增长 27.2%。2024 年，农产品进口额比上一年减少 4.3%，能源产品进口总体增长，煤炭进口增长 14.4%，天然气进口增长 9.9%，石油进口下降 1.9%。

为了满足人民群众对优质日用消费品、科技产品、农牧产品的需求，中国主动搭建了上海进博会平台，与广交会、海南消博会、北京服贸会等贸易平台一起，为各国优质产品进入中国架桥铺路。

中国既是出口大国，也是进口大国，这改写了过去很长时间里保持的"美国技术＋中国市场"国际贸易格局，正在转变为"中国技术＋中国产品＋中国大市场"格局。

**红利
阐释**

　　高水平开放主要指制度型开放，即在规则、规制、管理、标准等方面实现与国际市场对接，这与改革开放前期的要素型开放有所不同。按照制度型开放的要求，要对接国际高标准的经贸规则。既要加强与合作国家的制度、标准、规则、规制对接，又要加强与合作国家对认证认可的互认，还要积极参与国际规则、规制、标准的制定。高水平制度型开放促使市场环境更加公平、监管更加包容、生产要素配置更加高效，鼓励有竞争力的企业做大做强，可以提供更优质的产品和服务。

12. 深化"一带一路"合作

完善推进高质量共建"一带一路"机制。继续实施"一带一路"科技创新行动计划，加强绿色发展、数字经济、人工智能、能源、税收、金融、减灾等领域的多边合作平台建设。完善陆海天网一体化布局，构建"一带一路"立体互联互通网络。统筹推进重大标志性工程和"小而美"民生项目。

——引自《中共中央关于进一步全面深化改革　推进中国式现代化的决定》

使命解读

"一带一路"国际合作是我国开放发展的重大创新实践，十多年来，促进了中国与参与国之间的经贸、产业、金融、基础设施、人文领域的合作，做大了共同利益蛋糕。与此同时，"一带一路"也需要不断完善机制，促进合作平台行稳致远。

坚定的使命

政策沟通方面——在共建"一带一路"倡议框架下，中国在发展战略、制度机制、框架平台等方面与共建国家实现政策层面深度对接。截至2024年5月，共建"一带一路"倡议与哈萨克斯坦"光明之路"新经济政策、沙特阿拉伯"2030愿景"、蒙古国"草原之路"发展战略、印度尼西亚"全球海洋支点"构想、尼日利亚"八大优先领域"施政纲领、马拉维"2063愿景"规划、土库曼斯坦"复兴丝绸之路"倡议等实现对接，促进了双边和区域合作。与此同时，共建"一带一路"倡议及其核心理念被写入联合国、上合组织、二十国集团（G20）、亚太经合组织（APEC）等国际组织的重要文件，为多边合作稳步推进注入思想动能和实践动能。

设施联通方面——共建"一带一路"以"六廊六路多国多港"①为基本架构，加快推进多层次、复合型基础设施网络建设，基本形成了"陆海天网"四位一体的互联互通格局。截至2024年5月，中国已与104个共建国家签署双边航空运输协定，与57个共建国家实现空中直航。作为共建"一带一路"标志性品牌，中欧班

---

① "一带一路"建设，在陆上，依托国际大通道，以沿线中心城市为支撑，共同打造国际经济合作走廊；在海上，以重点港口为节点，共同建设通畅、安全、高效的运输大通道。我国提出"六廊六路多国多港"的建设框架思路。其中，"六廊"指中蒙俄、新亚欧大陆桥、中国—中亚—西亚、中国—中南半岛、中巴、孟中印缅六大国际经济合作走廊；"六路"指铁路、公路、水路、空路、管路、信息高速路互联互通路网六大联通路径；"多国"指选取若干重要国家作为合作重点；"多港"指构建若干海上支点港口。

列累计开行超 9 万列，货值超 3800 亿美元。

贸易畅通方面——贸易合作是促进共建国家经济持续发展、分享发展成果的重要方式和途径。我国商务部推动提供高质量的公共服务产品，陆续发布对外投资合作国别（地区）指南；推动与共建国家商签或升级自由贸易协定和投资保护协定。2013 年至 2023 年，中国与共建国家进出口总额累计超 21 万亿美元，年均增速达 6.4%，高于同期中国整体外贸增速和全球贸易增速。2024 年我国与共建"一带一路"国家合计进出口同比增长 6.4%，占我国进出口额的比重首次超过 50%。截至 2024 年 1 月，中国已与 20 多个共建国家建立了贸易畅通工作组，与 80 多个国家和国际组织参与了贸易投资的合作探索，同共建国家签署了一系列双多边贸易协定和投资协定，建立了一批跨境经济合作区和自贸区，初步建立起立足周边、辐射"一带一路"、面向全球的自贸区网络。

资金融通方面——中国出资设立的丝路基金、中国与相关国家共同成立的亚洲基础设施投资银行等，为共建项目提供投融资支持。与此同时，中国同有关各方共同制定《"一带一路"融资指导原则》，发布《"一带一路"债务可持续性分析框架》，为共建"一带一路"融资合作提供指南。

民心相通方面——中国深入推进科教人文领域合作，牵头成立了"一带一路"高校战略联盟，启动科技创新行动计划，与 80 多个共建国家签署了政府间科技合作协定，与 144 个共建国家签署了文化和旅游领域合作文件。菌草种植、鲁班工坊等一个个"小而美"的民生项目为共建国家民众带来实惠，也给合作国家带来贸易增量。

通过基础设施建设合作和经济贸易合作，"一带一路"合作国家相互联通的面貌大为改观，一些国家对外合作的条件大为改善，人民生活状况显著提升。在这一过程中，各国人民间的友谊也得到培育和增进。

2023年10月18日，习近平主席在第三届"一带一路"国际合作高峰论坛上宣布中国支持高质量共建"一带一路"八项行动，为共建"一带一路"开启下一个黄金十年指明发展方向。

八项行动紧扣中国式现代化与各国现代化相互联系、相互促进这一基本逻辑，直面共同发展难题，倡导共建国家一起推动相关重点建设，展现中国秉承的"天下一家"理念和共商共建共享原则。前三项行动分别是构建"一带一路"立体互联互通网络，支持建设开放型世界经济，开展务实合作，主要涉及"硬联通"和经贸合作领域。

其中，构建立体互联互通网络，补上相关短板，促进人流、物流、资金流更加畅通，成本更加合理，流动更加安全和高效，是推动贸易金融高质量合作发展的重要支撑。互联互通的基础设施越健全，经济合作才能越深入、越持久。

建设开放型世界经济，需要相关合作主体签署双边、多边自由贸易和投资保护协定。从长期来看，只有形成有约束力的协定,贸易投资等相关活动才能行稳致远。中国是世界第二大经济体,中国的开放程度与世界经济的长期稳定发展紧密相关。中国积极推动同更多国家商签自由贸易协定、投资保护协定,并且在此次峰会上宣布全面取消制造业领域外资准入限制措施,在跨境服务贸易和投资方面扩大开放、扩大数字产品等市场准入。这些举措将为共建"一带一路"国家提供更多合作发展机遇。

开展务实合作,强调统筹推进标志性工程和"小而美"民生项目。这是基于过去10年实践中的一些机制性问题的总结,积极倡导项目的有效性和延展性。中国国家开发银行、中国进出口银行将各设立3500亿元人民币融资窗口,"丝路基金"新增资金800亿元人民币,以市场化、商业化方式支持共建"一带一路"项目。中国还将实施1000个小型民生援助项目,通过鲁班工坊等推进中外职业教育合作。这些务实行动体现了大中小相结合,市场化项目和公益项目相协调的理念思路。这三项行动概括起来就是做好基础支撑、平等务实合作、不断扩大规模和成效。

而促进绿色发展和推动科技创新,聚焦当今经济发展的新动力、新领域、新空间,代表经济社会发展大趋势。近年来,中国在新能源基础设施、新能源汽车技术等方面实现较快发展。发挥中国这一优势,加强机制对接和人员培训,推进共建"一带一路"绿色基建、绿色能源、绿色交通等领域合作,着力构建环境友好型、资源节约型社会。当前全球经济发展动能不足,尤其需要推动科技创新。中国实施"一带一路"科技创新行动计划,举办首届"一带一路"科技交流大会，未来五年把从各方共建的联合实验室扩大到 100 家，对于相关国家增强科技创新能力、扩大科技创新成果转化、增厚发展新动能，将发挥巨大的推动作用。中国与共建国家实现绿色发展、创新发展，将给各国带来实实在在的经济红利和民生福祉。

支持民间交往、建设廉洁之路、完善共建"一带一路"合作机制，是立足"一带一路"建设长期发展的机制保障。其中，支持民间交往，加强文明对话，拉紧文化交流互动这根纽带，增进人民之间相互了解、文化互鉴融合。通过文化交流合作形成更多发展共识，增进对共同利益的追求，化解分歧矛盾，为"一带一路"建设提供更多更强的精神动力。相关交流合作平台具有鲜明的公益性质，需要各方一起投入、一起建设，也必将对未来合作发展带来更大的"软支撑"，最终转化为合作效益。

建设廉洁之路，对"一带一路"建设极为重要，因为任何经贸和金融合作都应当按照市场规则、法律规范去执行。出现腐败行为，必然损害共建"一带一路"进程。中方将会同合作伙伴发布《"一带一路"廉洁建设成效与展望》，推出《"一带一路"廉洁建设高级原则》，建立"一带一路"企业廉洁合规评价体系，同国际组织合作开展"一带一路"廉洁研究和培训。完善"一带一路"国际合作机制，符合各方期待。促进共建"一带一路"实现高质量发展，既要搭建好多领域的多边合作平台，又要完善相关平台的合作机制。在参照和运用既有国际商贸金融规则的基础上，中方将同共建国家加强能源、税收、金融、绿色发展、减灾、反腐败、智库、媒体、文化等领域的多边合作平台建设。继续举办"一带一路"国际合作高峰论坛，并成立高峰论坛秘书处。这些机制保障需要所有共建国家一起商量、一起参与、一起投入，其形成的成果也由大家共享。

八项行动既包括"硬联通"合作，也包括"软联通"合作；既包括传统领域合作，也包括新兴领域合作；既体现对接现有国际合作机制方面，也体现创新国际合作机制方面；既高度务实，也有高度前瞻性，展现中国式现代化的思想精髓，将中国式现代化与其他国家特别是广大发展中国家现代化进程相统一。相信这一纲领性行动举措将推动共建"一带一路"实现更高质量、更高水平发展，推动实现世界各国的现代化，不断增进世界人民福祉和安全。

截至 2024 年 5 月，中国已与 150 多个国家、30 多个国际组织签署了 230 多份共建"一带一路"合作文件。作为"一带一路"建设的倡议国，中国始终坚持共商、共建、共享原则。在各参与国共同努力下，"一带一路"合作平台将愈发展现出合作共赢的魅力，为新时期全球合作打造新模式、范式。

红利阐释

　　"一带一路"是"丝绸之路经济带"和"21世纪海上丝绸之路"的简称。习近平主席分别于2013年9月和10月提出建设"新丝绸之路经济带"和"21世纪海上丝绸之路"的合作倡议。"一带一路"建设是国际合作的新模式、新做法、新理念，致力于共同打造政治互信、经济融合、文化包容的利益共同体、命运共同体和责任共同体。"一带一路"是开放性、包容性区域合作倡议，而非排他性、封闭性的中国"小圈子"；是务实合作平台，而非中国的地缘政治工具；是共商共建共享的联动发展倡议，而非中国的对外援助计划；是和现有机制的对接与互补，而非替代；是促进人文交流的桥梁，而非触发文明冲突的引线。"一带一路"合作将继续为各国带来发展机遇、丰厚红利。

13. 促进城乡融合

城乡融合发展是中国式现代化的必然要求。必须统筹新型工业化、新型城镇化和乡村全面振兴，全面提高城乡规划、建设、治理融合水平，促进城乡要素平等交换、双向流动，缩小城乡差别，促进城乡共同繁荣发展。

——引自《中共中央关于进一步全面深化改革　推进中国式现代化的决定》

使命
解读

城乡融合发展，本质上是坚持以人民为中心，以人的全面发展为出发点和落脚点。长期以来，我国城乡之间的经济水平、社会治理、文化教育等方面都存在较大差异，农村居民难以享受到更好的公共服务。城乡融合发展，就是把城市和乡村作为一个整体系统，统筹配置资源，完善基础制度，提高资源使用效率，提升城乡居民福祉。

坚定的使命

"二战"后主要发达国家和地区的发展历程表明，城市特别是大型城市对经济资源的汇聚能力更强，而农村地区相对较弱。有关国家都推出了对农业人口、农业产业进行补贴的政策。一些国家注重在城乡接合部安排重大项目，带动农村人口提高收入，促进公共服务更加均衡。因此，推进城乡融合发展，意味着将城市发展取得的收益拿出一部分，反哺给农村。

与欧美发达国家相比，我国城乡经济发展的差距更大一些。这是因为，新中国成立以前，中国大地饱经战乱，生产力受到极大破坏，城市化进程被动延迟。新中国成立后，为了加快发展工业和国防，需要迅速提升城市资源积累，建立完整的国民经济体系、制造业体系。所以，总体上采取了农村资源向城市流动，并且是低成本流动的发展模式。可以说，农村地区为国民经济完成快速积累作出了一定的牺牲。改革开放以来，随着国家经济实力逐步增强，工业反哺农业、城市反哺农村进入快车道。党的十八大以来，进一步提出了促进城乡融合发展的思路，致力于实现城乡公共设施、公共服务总体均衡。

党的十九大以来，党中央对城乡融合发展作出一系列重大部署，鼓励城乡要素平等交换、双向流动，强调增强农业农村发展活力，推进以人为核心的新型城镇化。其中，以城市群、都市圈为依托构建大中小城市协调发展格局，推进以县城为重要载体的城镇化建设，是重要的方法论，也是促进城乡融合发展的根本路径。

虽然经过数十年巨大努力，我国城乡差距已经在逐步缩小，但缩小的速度较慢。城乡收入消费水平、基础设施、公共服务供给等差距仍然较大。从收入水平看，2024年城镇居民人均可支配收入为54188元，农村居民人均可支配收入为23119元，分别比上年增长4.6%和6.6%。农村居民的收入增长速度快于城镇居民。

从基础设施和公共服务供给看，水、路、电、讯等基础设施基本实现全覆盖，教育、医疗等发展性公共服务设施初步全覆盖。文化、体育等公共设施提高了覆盖度。同时，农村地区公共服务的层级偏低，优质资源短缺。农村互联网服务普及率偏低，截至2024年12月，我国城镇地区互联网普及率为85.3%，而农村地区为65.6%。

发展性公共服务设施也存在很多不匹配问题，例如，部分医护室存在缺医少药问题，难以实现分级诊疗；部分文化活动室没有专人负责，长期锁门；部分养老机构、日间照料中心缺少专业人员以及资金保障，运营困难。还有些设施选址不当或设计不合理，不适应农村居民需求，导致配备即荒废。

可见，提升农村地区的公共设施硬件水平和管理水平，并非投一笔钱就可以，而是要人、财、物与管理机制一起配备才行。这就需要拿出更系统化的支持政策，还需要配备相应的管理人才队伍。

数十年来，城市特别是大中城市对人口和生产要素的"虹吸效应"十分突出，加剧了乡村空心化问题。同时，从农村流向城市的人口，很多并没有实现市民化，而是在城市和农村之间钟摆式流动。根据 2021 年第七次人口普查数据，中国城乡间人户分离的流动人口数高达 4.9 亿人，比 2010 年第六次全国人口普查时增加了 88.52%。城市的"虹吸效应"与农村的空心化，导致大城市土地单位面积承载过重，农村土地利用不充分，中小城镇公共服务供给不足、发展迟缓。

在大城市、特大城市与农村地区中间地带，合理布局大中小城市，发挥其承接大城市部分公共服务、带动农村地区公共服务的功能，是很多国家的成功经验。建立大中小城市阶梯式、圈层式布局，可以降低和消除大城市、特大城市"虹吸效应"的负面作用，将部分消费、生产、物流压力分散到中小城市，也将部分人口留在中小城市。

以县城为代表的城镇，具有"亦工亦农亦商"的特点，可以作为承载农村人口和农业、农村资源的主要载体。在推动乡村振兴进程中，要高度重视县城等中小城市的功能建设，并投入资金、设备、人才、管理等资源。要在县城及周边布局一些产业配套工厂、基地等，特别是农业产业相关的工厂和基地，建立高标准的中小学校、职业技术学校、中心医院、中心养老机构等公共服务设施，既满足居民生产生活需要，也扩大就业岗位。

从服务农村人口、助推农业产业发展的角度看，以县城为代表的中小城镇既可以为农村人口提供较为完善的现代化公共服务，又可以方便他们从事农业生产活动。从城乡人口流动的趋势来看，一部分农村适龄人口会继续向大中城市流动，但也会有相当一部分适龄人口选择在中小城镇安居乐业，甚至不排除部分大中城市人口流向中小城镇。不少发达国家已经有这样的经验。

以县城为区域核心，发展县域经济，要坚持"以工补农、以城带乡"的基本方向，要明确县域经济的基本定位，既要鼓励扩大经济规模，扩大承载力，也要防止套用大城市运作模式，盲目上大项目、摊大饼。可以限定县级城市的产业方向和企业规模，以保持其"以工补农、以城带乡"的角色定位。以县域经济为载体打造城乡融合区域，吸引人口、留住人口，打造宜居、宜学、宜业中小城镇生态，提高地区福利水平，塑造新的生活方式，促进城乡居民双向流动、双向促进。

城乡融合发展将助推农业现代化。一是城乡融合能促进科技下乡、人才下乡，推动农业科技化、产业化、智慧化发展；二是城乡融合能提升农业人口素质，为现代化农业种植、加工、品牌打造夯实人才和产业基础；三是城乡融合能提升城镇居民对农业的参与度，提升农业生产与城市餐桌的反馈互动水平，从更深层次促进农业生产新供给的增长。

促进城乡融合发展，需要进一步完善农村生产要素的市场化配置。在农村集体土地"三权分置"的法律制度框架下，构建公平定价、公开竞价、有序流转的农村土地市场，是一项重大改革举措。

红利阐释

　　城乡融合发展是将城市地区和农村地区作为一个有机循环的整体。在城乡之间，生产要素价格随行就市，双向自由流动；公共资源合理配置，实现总体均衡；三次产业合理布局，双向调节和促进。城乡居民在落户、就业、入学、养老、就医等方面享有一体化的基础设施，职业选择可以自由切换。大城市虹吸效应保持在适度水平，降低资源过度消耗，提高城市地区居民的舒适度；推进农业现代化和乡村振兴，提升农村地区居民的整体福祉。

14. 推进"农地入市"改革

深化土地改革。……允许农户合法拥有的住房通过出租、入股、合作等方式盘活利用。有序推进农村集体经营性建设用地入市改革，健全土地增值收益分配机制。

优化土地管理，健全同宏观政策和区域发展高效衔接的土地管理制度，优先保障主导产业、重大项目合理用地，使优势地区有更大发展空间。

——引自《中共中央关于进一步全面深化改革　推进中国式现代化的决定》

使命解读

从建立全国统一大市场、提高农村居民财产性收入、提升农村地区公共服务水平、促进城乡融合发展的目的出发，构建农村集体经营性建设用地入市机制，健全土地增收收益分配机制，是应时之举。

坚定的使命

比照城市建设用地的市场化运作模式，农村集体经营性建设用地一直没有获得市场化增值的空间，在这类土地上开发建设，或者开展经营性活动，土地增值收益部分一直处于模糊地带。与此同时，农户拥有的宅基地和住房也不能参与生产要素市场流通，像普通商品房一样获得增值收益。通过制度设计，完善相关法律，打通农户宅基地、农村集体经营性建设用地参与土地市场化流通。改革的主要诉求是，让农户、农村集体更多享有土地增值盘活的收益。但这将改变地方政府对这部分土地的管理和收益模式，重新构建土地增值收益在政府、集体、农民之间的分配。

从地方政府角度看，相对土地征收，农村集体经营性建设用地入市将直接影响其获得的土地增值收益。但更要看到改革的好处：盘活农村可商品化流通的这部分土地，有助于聚集产业资源、吸引资本参与，扩大地方经济规模，增加税源，进而可以提升公共服务设施建设水平。从农村居民和城乡接合部居民角度看，经济实力增强、公共服务设施提升，可以提高宜居水平，改善创业兴业环境。

农村集体经营性建设用地，所有权属于农村集体，要赋予农村集体法定产权地位和现代市场条件下的经营主体地位。这是农村改革的一项重大举措。2018年12月修正的《中华人民共和国农村土地承包法》，在坚持土地集体所有、家庭承包经营的基础上，将土地承包经营权又分为承包权和经营权，这就是农村土地的"三权分置"。按照这一制度设计和法律规定，可以放活农村土地经营权，推动多种形式的土地规模经营发展。近年来，家庭农场、农民合作社等新型农业经营主体逐步发展起来，土地所有者也通过经营权的流转获得了收益。

2015 年至 2019 年，我国首次、大规模开展 33 个农村集体经营性建设用地入市试点。试点地区围绕土地入市程序、入市范围、入市条件、入市主体、入市土地用途、入市途径、入市收益分配等问题进行探索，形成了相对成熟的规则制度体系。试点有效盘活了农村闲置土地资源，提高了土地资源利用效率。33 个试点共办理入市土地面积 9 万余亩。通过异地调整入市、综合整治入市等方式，将分布零散的土地集中连片入市，提高了土地资源配置效率。土地入市增值收益分配机制提高了农民和集体分成的比例。按照要求，地方政府计征的土地增值收益调节金，只能用于区县市基础设施和公益设施建设。

试点中，也出现了借"新增农村集体经营性建设用地"的方式搞商品房开发的现象，违背改革初衷。为此，自然资源部明确规定三条红线，即不能通过农用地转为新增建设用地入市，不能把农民的宅基地纳入入市范围，符合入市条件的土地不能搞商品房开发。

进一步推进农地入市，要"分好"土地增值收益，更应在如何"用好""管理好"土地增值收益上下功夫。要防止村民"一夜暴富"，失去干劲；要防范和打击权力寻租行为。尤其要防止各类侵占耕地行为，守住耕地和建设用地界限，健全保障耕地用于种植基本农作物的管理体系。

要按照中共中央办公厅、国务院办公厅印发的《关于深化农村集体经营性建设用地入市试点工作的意见》，自然资源部办公厅印发的《深化农村集体经营性建设用地入市试点工作方案》有关要求，进一步深化农地入市工作。政府要做好宏观调控，强化入市土地规模、速度与国民经济和社会发展规划、国土空间规划、土地利用年度计划、产业规划、生态环境保护规划等的匹配；稳步提高土地出让收入用于"三农"比例，逐步缩小集体经营性建设用地入市与土地征收两种方式下的地方政府收入差额；加快建立城乡一体的建设用地交易市场、交易规则和服务体系。

要建立健全农村集体法人功能建设、规则建设、治理能力建设。加快推进农村集体经济组织特别法人登记赋码等工作。在有需要且条件许可的地方，实行村民委员会事务和集体经济事务分离，充分发挥集体经济组织在管理集体资产、开发集体资源、发展集体经济、服务集体成员等方面的作用，推动新型农村集体经济组织现代化转型。

要根据试点情况，加强集体经营性建设用地入市与农村土地征收、宅基地制度改革、农村产权制度改革、租赁住房制度改革间的关联性、协同性和耦合性。可探索在超大、特大城市利用集体经营性建设用地建设租赁住房、共有产权房，并将该类房源纳入政府主导的住房租赁服务平台管理。

要优化土地管理，结合农地入市改革，建立新增城镇建设用地指标配置同常住人口增加协调机制。探索国家集中垦造耕地定向用于特定项目和地区落实占补平衡机制。优化城市工商业土地利用，加快发展建设用地二级市场，推动土地混合开发利用、用途合理转换，盘活存量土地和低效用地。开展各类产业园区用地专项治理。制定工商业用地使用权延期和到期后续期政策。

红利阐释

　　农村集体经营性建设用地实行市场化交易流通，意味着这部分土地可以实现市场化增值，增值部分可用于农村集体单位和农民家庭增收。这部分土地入市流通还可以为地方政府提供稳定的财政收入，促进农村地区完善公共服务设施，提高公共服务水平。同时，也要引导和稳定改革预期，确保改革稳妥推进，不能通过农用地转为新增建设用地入市，不能把农民的宅基地纳入入市范围，符合入市条件的土地不能搞商品房开发。

15. 推进电力改革

深化能源管理体制改革，建设全国统一电力市场，优化油气管网运行调度机制。

——引自《中共中央关于进一步全面深化改革　推进中国式现代化的决定》

电力是当今最重要的能源。保证生产生活用电安全稳定，同时促进电力生产运营市场化、绿色化、集约化，是我国电力市场发展和改革的目标。

截至 2023 年底，全国全口径发电装机容量 29.2 亿千瓦，已超过七国集团国家的总和。其中，可再生能源装机规模达到 15.2 亿千瓦，占发电总装机规模的比重超过 50%。2024 年底，全口径装机容量为 33.5 亿千瓦。我国新能源发电、核电规模均居世界前列。

未来数十年，我国经济规模、市场深度、居民需求都将继续保持扩张势头，电力消费呈刚性增长态势。据中国电力企业联合会预测，2030年全社会用电量将达到13万亿千瓦时以上；到碳中和阶段，全社会用电量将达到17万亿—19万亿千瓦时，相当于在目前基础上翻一番。

我国电力体制改革已经走过两个阶段。第一阶段，2002年12月，国务院下发《电力体制改革方案》（电改5号文），提出"厂网分开、主辅分离、输配分开、竞价上网"的16字方针，初步搭建电力企业市场化运营的架构，但在价格方面依然采取相对固定的模式，并未实现市场化；2015年3月，《关于进一步深化电力体制改革的若干意见》（电改9号文）公布，提出在全国范围内逐步形成竞争充分、开放有序、健康发展的市场体系，建立"管住中间、放开两头"的体制架构，实行输配电价机制，在售电侧引入竞争，以及建立相对独立的电力交易机构。新一轮电改实施以来，在实现保供稳价的同时，"半计划、半市场"双轨制依旧，电网企业竞争性辅业仍未彻底剥离、配售业务有限分离，电价机制转变滞后。

随着新能源装机容量快速增长，系统调节能力不足、能源生产和负荷中心不匹配等问题凸显。近年来，新能源装机容量实现了跨跃式增长，但发电量占比没有同步增加。截至2023年底，风光新能源装机累计达到8.7亿千瓦，占电源总装机的

37.7%；但全年新能源发电量仅为 1.2 万亿千瓦时，占总发电量的 16.9%。这主要是因为新能源消纳和调节机制存在短板。2024年，全国非化石能源发电量增量占总发电量增量的 84.2%，但储能、消纳仍需改善。

目前，新能源的波动性主要依赖于煤电、水电、抽水蓄能等传统电源调节。以西北电网为例，2023 年 12 月，西北五省区合计 2 亿千瓦的新能源装机最大出力接近 9000 万千瓦，但在个别晚高峰最大负荷时段，全部发电出力仅 260 万千瓦，不足部分全部需要常规电源配合调节。这就导致新能源发电企业难以充分发挥效能。此外，新型储能设施面临利用率低、收益模式不确定等问题。

总的来看，当前电力市场机制还不能适应新能源生产和供给方式，新能源绿色价值还未充分体现，新能源投资收益无法得到保障。

新一轮电力市场改革，重点是解决新能源入市消纳等问题，按照国家发展改革委、能源局工作部署，到 2025 年，电网系统将具备 5 亿千瓦左右分布式新能源、1200 万台左右充电桩接入能力。到 2030 年，新能源将全面参与市场交易。按照 2024 年 4 月 1 日实施的新版《全额保障性收购可再生能源电量监管办法》，电网将不再承担可再生能源电量全额收购义务。

2024 年 5 月，国家能源局发布《关于做好新能源消纳工作 保障新能源高质量发展的通知》，要求加快建设与新能源特性相适应的电力市场机制。优化省间电力交易机制，根据合同约定，允许送电方在受端省份电价较低时段，通过采购受端省份新能源电量完成送电计划。还提出，打破省间壁垒，不得限制跨省新能源交易。探索分布式新能源通过聚合代理等方式有序公平参与市场交易。建立健全区域电力市场，优化区域内省间错峰互济空间和资源共享能力。

电力市场化改革的关键是市场化定价，要实现市场化配置资源，提高电力使用效率，提高绿电配置使用的比例。2024 年 7 月 1 日，国家发展改革委新修订的《电力市场运行基本规则》（以下简称《基本规则》）开始施行。《基本规则》是全国统一电力市场"1+N"基础规则体系中的"1"，是规范电力中长期、现货、辅助服务市场的规则主干，"N"是指信息披露、准入注册、计量结算等细分规则。这一套规则体系将为电力市场化、绿色化提供制度支撑。

《基本规则》规定，电力市场交易类型包括电能量交易、电力辅助服务交易、容量交易等。所谓容量交易，就是机组没有发电或者发了电但是没有卖掉，也可以按装机容量为基准获得补偿性收益。这一制度为新型储能和发电企业回收一定成本提供依据，将助力这些企业稳定发展。

《基本规则》还完善了电能量、辅助服务交易等定义和交易方式。其中，根据交易周期将电能量交易分为电力中长期交易和现货交易，电力辅助服务交易包括调频、备用和调峰等有偿电力辅助服务。电能量交易可通过双边交易和集中交易方式开展，具备条件的辅助服务采用市场竞争方式确定提供者。

从目前电力主体情况看，电力企业发展建设规划、立项，电力用户购电、发电企业卖电等都由市场来决定，不需要审批。对分布式发电、可再生能源发电等项目，实行业务许可豁免、简化政策。从电力交易情况看，目前中长期交易市场占绝对地位。2023年，市场交易电量为5.7万亿千瓦时，占全社会用电量比重为61.4%。其中90%以上是中长期交易电量。辅助服务市场挖掘市场调峰潜力超1.17亿千瓦，增加清洁能源消纳仅1200亿千瓦时。

电力现货交易市场对于发现电力实时价格、准确反映供需关系、实现电力系统调峰具有重要支撑作用。近两年，我国发力推进电力现货交易市场建设。2023年9月，国家发展改革委、能源局发布《电力现货市场基本规则（试行）》。2024年10月，省间电力现货市场正式运行。2024年，市场交易电量中的中长期交易电量已降至75%。

进一步优化短期现货市场与中长期市场的联通通道，现货市场可以进一步缩短交易周期，提高交易频率。可实施全年日滚动交易，便于交易主体中长期合同灵活调整。鼓励新能源发电企业、储能企业、虚拟电厂等主体参与现货交易。

建立短中长期相结合的电力交易市场，发挥现货市场价格发现的"晴雨表"功能，必须改善电力市场营商环境，破除地方保护主义和各种市场壁垒。要建立全国统一的电力经营主体信用体系，奖优罚劣，激发电力企业竞争活力。

电力体制机制改革具有基础性、全局性特征，这是因为，电力生产、交易、服务、安全保障、利益分配、监管等各个环节不仅涉及到电力系统本身，而且涉及到每一个行业和各类人群；并且，电力管理体制和交易模式还会向其他领域辐射和传递。既要推动电力资源市场化配置，又要保障用电安全、可靠、可持续。特别是在绿电加速发展时期，新旧电能相互融合，新型电企和传统电企相互竞争，主体更加多元、市场层次增多，利益分配格局变化，监管部门要创新思路，坚持法治化、制度化，激发各类市场主体的活力、创造力，保障改革稳定推进。

在谋划电力发展"十五五"规划时，要将新能源开发利用、提升传统能源体系筹起来，特别是构建源网荷储一体化建设，推动数字化管理全覆盖，增强电力系统综合调节能力，提高全社会用能效率，支撑经济高质量发展。

从绿电推广角度考虑，应抓住新一轮大规模设备更新和消费品以旧换新的契机，通过政策引导、理念倡导、样板示范等系统性举措，塑造绿色环境价值的社会认知和激励机制。在制造业、建筑、交通、农业农村等重点领域实施绿色用能水平，推进新型电能替代装备融入更多工业生产环节和日常生活消费场景。

要进一步完善电力辅助服务市场基本规则和绿证绿电交易机制，促进绿色电力消费。强化"电力市场—绿证市场—碳市场"

耦合衔接机制。构建全国统一的绿证、碳减排量数据平台，打通绿色电力证书与碳市场之间的流通环节，为绿电企业构建多元化利润实现、风险管理的渠道和平台。

红利阐释

电力改革是能源改革的一部分，改革的方向是在竞争性环节实现市场化。主要是完善电力供应长期合同价格和短期现货价格形成机制。推动跨省跨区优先发电计划逐步转为中长期合同，推动中长期市场分时段形成价格并开展结算。加强电力现货市场建设，方便短期价格市场化调节。完善辅助服务市场机制，增加体现系统灵活调节价值的备用、爬坡等辅助服务交易品种。明确新能源参与市场方式和路径，提升电力市场对高比例新能源的适应性。电力改革既可以提高电力资源市场化配置水平，减少电力市场的产能浪费，又可以助力绿色电力生产和使用规模化，从而全面带动绿色发展。

16.发展低空经济

深化综合交通运输体系改革，推进铁路体制改革，发展通用航空和低空经济，推动收费公路政策优化。

——引自《中共中央关于进一步全面深化改革　推进中国式现代化的决定》

低空经济形态涵盖传统的通用航空业态，又拓展了以无人机、eVTOL为支撑的新型低空生产服务方式。主要活动场景有：物流配送，载人飞行，医疗救护，应急救援，空中游览，航拍航摄，航空运动，飞行表演等。为此，要在气象服务、通信导航、信息服务、物流枢纽、飞行走廊、人才培训、保养维修、金融服务等方面构建其支撑体系。

通用航空制造业为低空经济发展提供装备支撑，信息通信网络为低空经济发展提供基础设施支撑，金融服务体系为低空经济提供资本要素支撑。

低空经济所涉及的空域范围在变动中，现在是指 3000 米以下空域。2023 年 11 月 2 日，国家空中交通管理委员会办公室发布《中华人民共和国空域管理条例（征求意见稿）》中，将管制空域定义为标准气压高度 6000 米（含）至 20000 米（含）。这意味着除少数禁飞空域和特殊管制空域外，其余 6000 米以下广大空域均可以开展低空经济活动。发展低空经济，需要加强空管技术能力、军民地三方协同协调能力、空管运行保障能力建设，还要培育一批头部企业。地方政府作为管理者，要处理好经济效益和社会效益的关系，避免贪大求全，做到监管不缺位、不越位。

深圳市较早出台有关低空经济产业的法律文件，作出一系列制度设计。《深圳经济特区低空经济产业促进条例》于 2024 年 2 月 1 日起施行，为促进低空经济产业高质量发展提供法治保障。苏州市于 2024 年 2 月出台《苏州市低空经济高质量发展实施方案（2024—2026 年）》，提出"打造以低空科创智造产业为核心，以低空保障产业为支撑，以低空创新服务业为特色的产业体系"。广东省于 2024 年 5 月出台《广东省推动低空经济高质量发展行动方案（2024—2026 年）》，提出"打造世界领先的低空经济产业高地"，"基本形成广州、深圳、珠海三核联动、多点支撑、成片发展的低空经济产业格局，培育一批龙头企业和专精特新企业"。北京市于 2024 年 9 月出台《北京市促进低空经济产业高质量发展行动方案（2024—2027 年）》，提出"力争通过三年时间，低空经济相关企业数量突破 5000 家，低空技术服务覆盖京津冀、辐射全国，低空产业国际国内影响力和品牌标识度大幅提高，产业集聚集群发展取得明显成效，低空产业体系更加健全，在技术创新、标准政策、低空安全、应用需求等领域形成全国引领示范，产业规模达到 1000 亿元"。山东省、上海市也公布了低空经济产业行动方案。

2024 年 3 月 27 日工业和信息化部联合科技部、财政部、中国民航局印发了《通用航空装备创新应用实施方案（2024—2030 年）》，加快实现以无人化、电动化、智能化为技术特征的新型通用航空装备商业应用，推动"低空 + 物流配送""低空 + 城市空中交通""低空 + 应急救援"等规模化发展。

中国无人机市场保持较快增长，预计 2025 年市场规模将突破 5000 亿元，其中工业级无人机占市场份额的 50%，主要用于农业植保、电力巡检、物流配送等领域。消费级无人机主要用于航拍、观光、飞行体验等。电动垂直起降航空器（eVTOL）主要用于城市空中交通和短途物流。预计 2025 年低空经济市场规模将达 1.5 万亿元。

为了发展好低空经济，特别是统筹好高质量发展和高水平安全，需重点加强以下四个方面的工作。

一是加快装备创新。顺应低空飞行等装备无人化、电动化、智能化发展趋势，加快新型通用航空装备核心技术攻关，构建满足不同应用场景需求的性能好、安全可靠的装备产品体系。

特别是聚焦应用场景，根据场景特点、应用规律、用户需求，塑造产品综合效能，提升用户体验，做强产业链供应链体系。

二是加强技术支撑。运用新一代信息通信技术、数字技术、人工智能技术，推进低空智联技术攻关，鼓励模式创新，为低空活动安全高效运行提供坚实技术支撑。

三是完善标准体系。建立贯穿低空装备研发设计、生产制造、试验验证、运行支持全生命周期的工业标准体系。加强部门协同，推动第三方检测认证体系建设。

四是加强监管体系。贯通航空器研发制造、低空航行监测管控、信息导航管理、客户权益保护等全方位监管，维护各方主体的合法权益，保障低空经济运行整体安全。

红利阐释

低空经济是指在低空空域开展的飞行、运输、游览、救援、城市管理等活动，以及支撑这些活动的基础设施建设、航空器研发生产、企业运营管理、标准制定、安全保障等产业。其最显性的业态是有人驾驶或无人驾驶的航空器在低空开展各种作业。无人驾驶航空器又包括无人机和电动垂直起降航空器（eVTOL）。工业和信息化部预计，我国低空经济将形成万亿级产业规模。低空经济带来产业变革、生产生活便利，也将催生新的行业领头羊。

17.提升绿色发展

聚焦建设美丽中国，加快经济社会发展全面绿色转型，健全生态环境治理体系，推进生态优先、节约集约、绿色低碳发展，促进人与自然和谐共生。

——引自《中共中央关于进一步全面深化改革　推进中国式现代化的决定》

使命解读

"美丽中国"概念是针对我国生态文明建设的现状和前景提出的，与习近平总书记"绿水青山就是金山银山"的理念一脉相承。

保护好绿水青山，给子孙后代留下良好、可持续的自然环境，是工业化时代、后工业化时代的重要课题。中国人口多、总体消耗大、治理成本也大，实现绿色发展的难度也很大；而一旦中国实现了绿色发展，实现"美丽中国"目标，也意味着世界上1/5 左右的人口实现了绿色发展，对人类永续发展具有重大意义。

经济增长是现代市场经济和人类文明向前发展的必需品，而经济增长必然消耗自然资源：一方面，人类通过开发运用自然资源，生产制造出相应的产品和设施，满足自身生活、生产需要，同时向更新更广的领域探索和创新；另一方面，自然界自我循环，包括一些灾害事件发生，也给人类生存发展、人类主导的经济活动带来冲击，这会增加人类社会的重建成本。同时，经济运行本身也会出错，纠错也会消耗自然资源。

面对经济全球化潮流和人类不断增长的消耗、消费规模，需要格外重视对自然环境、自然生态的保护。中国是人口大国和发展中国家，并且已进入高端工业化发展阶段，尤其需要保护好人们赖以生存的环境。

2023 年 12 月发布《中共中央 国务院关于全面推进美丽中国建设的意见》，2024 年 7 月 31 日发布《中共中央 国务院关于加快经济社会发展全面绿色转型的意见》。这两个文件相辅相成，后者是前者关于绿色发展部分的进一步深化。

建设美丽中国，须协同推进降碳、减污、扩绿、增长，把绿色发展理念贯穿于经济社会发展全过程各方面。实现降碳、减污的目标，不仅要减少甚至消除高排放、高耗能、高污染的生产方式，还必须调整出行、吃穿、居住等生活方式，倡导循环利用、节约资源。而实现扩绿目标，既要保护好已有的绿，还要主动培育新的绿色区域，修复被破坏的绿色区域。

必须在理念上有一场革命式的转变，形成"让地球永续和谐发展"的行动自觉。在产业结构方面，要努力做大增量、优化存量，扩大绿色低碳产业规模，加快传统产业绿色转型，强化数字化绿色化协同转型发展。在能源转型方面，要立足国情，既要目标坚定，也要先立后破——推进化石能源清洁高效利用，大力发展可再生能源，稳妥推进新旧能源安全可靠有序替代。如果不重视传统能源的清洁利用，简单化搞新能源替代，不仅会造成能源供给紧张，还可能加大转型成本，反而带来额外的污染增量。在交通运输方面，要积极推进交通基础设施绿色改造，大力推广新能源交通工具。交通基础设施越智能化，越可以降低交通运行成本，降低能耗。新能源交通工具不仅要用起来节能，还要做到造起来、修起来节能，否则也会造成假节能效果。城乡建设方面，要完善城乡规划、建设、管理体系，新建筑要加快推广绿色技术和管理。对既有建筑和房屋，根据使用年限和是否符合绿色标准，合理进行绿色节能改造。针对北方地区冬季取暖，要因地制宜实施绿色化设施改造。

要全面推动基础资源节约利用。能源、水资源、粮食、土地、矿产资源等都要明确绿色开发和绿色生产标准，提高使用环节的节约、节能、降耗、减排标准。加快构建废弃物循环利用体系。强化科技创新支撑，鼓励绿色低碳生产，完善绿色科技成果转化机制。完善支持绿色低碳发展的财税、金融、投资、价格政策和标准体系，完善碳排放权交易、自愿减排交易、绿色电力证书交易等市场化机制。

倡导绿色低碳生活方式，并且使之蔚然成风。要充分考虑人们消费需求多元、追求变化升级的消费心理，不宜用"堵"的办法，而应当用"疏"的办法。要增加绿色低碳产品供给，用少排放、低耗能、材料可循环的工艺生产出人们喜闻乐见的衣着以及各种家居用品。政府要主动采购绿色产品。还要建立产品碳足迹管理体系，对绿色健康生活方式予以诚信记录、纳税政策等激励。要开展评价考核，对各地区开展绿色生活重点事项开展考评，表彰先进、督促落后，促进经济社会发展全面绿色转型。

按照党中央国务院部署，积极开展蓝天、碧水、净土攻坚行动。蓝天保卫战方面，以京津冀及周边、长三角、汾渭平原等重点区域为主战场，以细颗粒物控制为主线，大力推进多污染物协同减排。碧水保卫战方面，深入推进长江、黄河等大江大河和重要湖泊保护治理，优化调整水功能区划及管理制度。扎实推进水源地规范化建设和备用水源地建设。基本完成入河入海排污口排查整治，全面建成排污口监测监管体系。推行重点行业企业污水治理与排放水平绩效分级。净土保卫战方面，强化优先保护类耕地保护，扎实推进受污染耕地安全利用和风险管控，分阶段推进农用地土壤重金属污染溯源和整治全覆盖。依法加强建设用地用途变更和污染地块风险管控的联动监管，推动大型污染场地风险管控和修复。

还要加强对生态屏障和生物多样性的保护。稳固国家生态安全屏障，推进国家重点生态功能区、重要生态廊道保护建设。全面推进以国家公园为主体的自然保护地体系建设，完成全国自然保护地整合优化。实施全国自然生态资源监测评价预警工程。加快实施重要生态系统保护和修复重大工程，推行草原森林河流湖泊湿地休养生息。继续实施山水林田湖草沙一体化保护和修复工程。科学开展大规模国土绿化行动，加大草原和湿地保护修复力度，加强荒漠化、石漠化和水土流失综合治理，全面实施森林可持续经营。强化生物多样性保护工作协调机制的统筹协调作用，落实"昆明－蒙特利尔全球生物多样性框架"，更新中国生物多样性保护战略与行动计划，实施生物多样性保护重大工程。健全全国生物多样性保护网络，全面保护野生动植物，逐步建立国家植物园体系。

要树立先进样板，建设美丽中国先行区。完善京津冀地区生态环境协同保护机制，加快建设生态环境修复改善示范区，推动雄安新区建设绿色发展城市典范。在深入实施长江经济带发展战略中坚持共抓大保护，建设人与自然和谐共生的绿色发展示范带。深化粤港澳大湾区生态环境领域规则衔接、机制对接，共建国际一流美丽湾区。深化长三角地区共保联治和一体化制度创新，高水平建设美丽长三角。坚持以水定城、以水定地、以水定人、以水定产，建设黄河流域生态保护和高质量发展先行区。

要强化绿色发展激励政策。强化税收政策支持，严格执行环境保护税法，完善征收体系，加快把挥发性有机物纳入征收范围。加强清洁生产审核和评价认证结果应用。综合考虑企业能耗、环保绩效水平，完善高耗能行业阶梯电价制度。落实污水处理收费政策，构建覆盖污水处理和污泥处置成本并合理盈利的收费机制。完善以农业绿色发展为导向的经济激励政策，支持化肥农药减量增效和整县推进畜禽粪污收集处理利用。建立企业生态环保费用提取使用制度。

红利阐释

　　绿色发展是人与自然和谐共生的发展，即人对自然"取之有度，用之有节"，尊重自然、顺应自然、保护自然。全面绿色转型意味着在投资、生产、流通、消费等所有环节，改变大量消耗资源能源、大量排放污染的生产模式和消费模式，使用绿色能源，发展节约、集约、循环经济，把经济活动、人的行为限制在自然资源和生态环境能够承受的限度内，给自然生态留下休养生息的时间和空间。还要建立对遭遇破坏和污染的自然环境进行科学修复的机制，为子孙后代留下可持续发展的自然环境。

18. 跨军地改革

深化跨军地改革。……深化国防科技工业体制改革，优化国防科技工业布局，改进武器装备采购制度，建立军品设计回报机制，构建武器装备现代化管理体系。完善军地标准化工作统筹机制。加强航天、军贸等领域建设和管理统筹。

——引自《中共中央关于进一步全面深化改革　推进中国式现代化的决定》

使命解读

强国必须强军，军强才能国安。发展新质生产力与发展新质战斗力，在本质上具有统一性。国家拥有雄厚的经济基础和强大的科技实力，新质战斗力建设才可能有重要的物质前提。人民军队拥有新质战斗力，才能捍卫国家安全和发展利益，才能反哺经济建设，巩固和发展新质生产力发展成果。

《中共中央关于进一步全面深化改革　推进中国式现代化的决定》提出，"完善军地标准化工作统筹机制"，"加强航天、军贸等领域建设和管理统筹"。要以标准统筹、重点领域统筹为落脚点，坚持"军地一盘棋"思想，在政策扶持、技术引进、资金保障、人才培养、成果共享等方面，畅通连接链条，建立转化渠道，实现新质生产力与新质战斗力高效融合、双向拉动。

"二战"后，许多国家把发展重点转移到经济建设上，采取以经济竞争和科技竞争为主，军事力量竞争为辅的战略，促进了军民共用技术的巨大发展，形成了各自的发展模式。我国也走出了符合本国国情的军地协调、军民融合发展之路。

在科技、产业领域实现军民融合，需要深化跨军地改革，完善体制机制，把国防工业与民用工业融合起来发展，民用技术可以用于军工建设，军工技术也可以用于民用工业。由于当今世界已经进入网络化、数字化时代，在科技、产业领域实现军民融合就不仅仅是传统制造业的融合了，而是涉及高端制造和网络信息管理的方方面面。

凡是综合实力强大的国家，军工产业也相对强大。跨军地改革是国家现代化、产业现代化、军队现代化的必然选择。这是因为，建立强大的国防，必须依托强大的国家治理体系、制造业体系、能源保障体系和信息支持体系；同时，国家治理体系以及相应的产业体系既是支撑强大国防的力量，也是支撑整体经济、综合实力的力量。

坚定的使命

任何一个国家，比拼的都不是单一的军事国防实力，而是整体实力。通过深化跨军地改革，实施好科技、产业领域军民融合，要加强统筹，坚持一盘棋。要在社会主义市场经济条件下，科学统筹、有效调节政府、军队、军工企业、民用企业、科研院所、金融机构、中介组织等主体的利益诉求，找到国家意志、全局利益与各主体局部利益的相对均衡点。

2017 年 1 月，中央军民融合发展委员会成立，习近平总书记亲自担任主任，标志着我国军民融合发展进入新的历史时期。在党中央领导下，统一协调相关重大工程、重大计划、重大项目，通过"军转民"①"民参军"②的方式，推动科技创新，加快武器装备升级换代，促进军工产业升级；把国防科技工业与民用科技工业相结合，形成一个统一的国家科技工业基础，支撑国防建设、经济建设高质量发展。

目前，通过跨军地改革，完善体制机制，军民科技、产业融合深度发展，军民相互促进效果显著。例如，军用船舶制造业拉动民用船舶制造业发展；"北斗系统"对相关产业带来数千亿元的拉动效应；"神舟"飞天、"嫦娥"探月等大型国家工程拉动相关高端技术和产业快速发展；国产大型客机商用成功带动民用航空产业链升级；硬 X 射线调制望远镜卫星"慧眼"成功发射，把中国的空间高能天文研究带入更高水平；整体精密铸造技术、碳

---

① "军转民"是指军事设施转为民用，将军工生产能力转为民用产品生产。

② "民参军"是指民营企业、民营资本，或者以民品为主的国资进入军工行业。

纤维及其复合材料核心技术给军工生产和民用产品带来更多突破，等等。

推动跨军地改革，可以优化军地资源配置，实现共建共用共享，将国家整体战略利益最大化。重点方向是：第一，推进基础设施统筹建设与资源共享，发挥军民深度融合的最大效益；第二，推进国防科技工业与武器装备发展，建设中国特色先进国防科技工业体系；第三，推进军民科技协同创新，建立完善、统一、高效、开放的军民科技协同创新体系；第四，推进军地人才双向培养交流使用；第五，推进社会服务和军事后勤统筹发展；第六，推进国防动员现代化建设，全面提高平战结合、全域遂行、精确高效的国防动员能力。

要改进武器装备采购制度，建立军品设计回报机制，构建武器装备现代化管理体系。要加快推进军品价格改革和空域管理改革。深入开展在轨卫星资源统筹、军民标准一体化及太空、网络空间、新材料、人工智能等领域重大问题研究。有序推进国家军民融合创新示范区建设。聚焦军地高度关注、军民共用性强的共性技术、前沿引领技术、颠覆性技术以及重大科技项目、重大科学装置等，推进军民科技基础要素融合，通过协同创新提升整体实力。

尤其要加大海洋、太空等新兴领域军民融合发展的力度。第一，推进海洋领域统筹建设。坚持陆海统筹，加快建设海洋强国，加强海洋经济发展、海洋生态环境保护、海上维权和军事斗争准备。加强国家海洋产业、海洋信息化、海洋安全防卫、深海探测装备技术体系、海洋标准和计量体系筹建设，推进智慧海洋建设。第二，推进太空领域统筹建设。围绕建设航天强国，推动太空开发利用和空天防御能力协调发展。强化卫星等航天资源统筹建设、开放共享，加强航天领域重大工程项目统筹。拓展航天应用领域，逐步建立军民商相互衔接的空间信息服务体系。推进空间科学研究，提升空间气象监测预警服务能力，提高军民协同应对太空安全威胁能力。第三，推进网络空间领域统筹建设。加快网络强国和信息强军建设。加大军地协同攻关，加强基础技术研发，加强军民共用信息系统建设，加强网络安全监测预警和应急处置，参与网络空间国际规则制定。第四，推进生物领域统筹建设。健全军地生物安全工作协调机制，加强传染病疫情及动植物疫病疫情防控等协同，促进军民共建生物安全、查验处理等保障基础设施平台，强化生物安全监测预警网络体系建设，提高国家生物安全防御能力。第五，推进新能源领域统筹建设。发展新能源工业，打造新能源产业集群，建立安全可控的军民融合新能源科研生产体系。构建协同创新、多元发展、军地联保的国家新能源供给保障体系。第六，推进人工智能领域统筹建设。实施新一代人工智能发展战略，加强人工智能技术创新、工程化产业化、军事应用体系统筹建设。加强人工智能技术军民协同创新，推进人工智能科技成果在经济社会和国防领域的应用与双向转化，提升经济竞争力和新质战斗力。

红利阐释

　　《决定》中关于"优化国防科技工业布局，改进武器装备采购制度""完善军地标准化工作统筹机制""加强航天、军贸等领域建设和管理统筹"的论述，都涉及跨军地改革。跨军地改革的目的，是把国防工业与民用工业融合起来发展，民用技术可以用于军工建设，军工技术也可以用于民用工业。在科技和产业领域实现军民融合，不仅可以优化资源配置，减少不必要的生产和投资浪费，提高全社会要素生产率，而且可以最大限度地提高技术的适应性和可持续开发，不断打开经济创新发展的空间。

19. 优化货币政策

加快完善中央银行制度，畅通货币政策传导机制。

——引自《中共中央关于进一步全面深化改革　推进中国式现代化的决定》

　　货币政策直接关系宏观经济运行态势，需要根据全社会供需结构、产出规模、通货膨胀、货币乘数等因素进行调节，一般分为扩张性政策和收缩性政策。随着全球化进一步深化，新经济比重进一步提升，货币政策原有的逻辑、传导机制也在发生变化，我国货币政策的制定和执行也需要与时俱进。

　　理论界普遍认为，货币政策是总量工具，只要放开或者收紧货币闸门，就可以通过总量调节实现大部分政策目标，货币流向哪里则完全遵从市场规律。但在实际经济运行中，存在很多结构性矛盾，如果结构调不好，总量调控的效果就会打折扣。

我国结构性改革的任务很重，并且具有长期性，需要在货币政策使用上兼顾总量和结构性两个方面。货币调控主要考虑处理好三方面关系。一是短期与长期的关系，主要是货币供应要可持续。根据经济增长放缓、消费低迷的情况，把维护价格稳定、推动价格温和回升作为重要考量，灵活运用利率、存款准备金率等政策工具；同时，保持政策定力，不大放大收。二是稳增长与防风险的关系。助推经济增长，需要增加基础货币投放，但我国基础货币存量已经比较大，存在流动不畅、回收不畅的问题，所以，要同时在货币循环上采取措施。具体来说，要下功夫规范市场行为，盘活低效存量金融资源，提高资金使用效率，畅通货币政策传导。所以，稳增长与金融系统风险化解要统一起来。三是内部与外部的关系。我国货币政策固然主要考虑国内经济金融形势，但美元区、欧元区货币政策对我国经济的影响也不容忽视。即便不是货币政策，美元区、欧元区主要经济体的经济周期也会给中国带来影响。所以，我国货币政策需要留有余地，不能轻易把马力开足。

2024年以来，为了做实金融底数，挤出"水分"，中国人民银行会同国家统计局优化季度金融业增加值核算方式，由之前主要基于存贷款增速的推算法改成了收入法，使金融业增加值水平更加真实。针对一些金融机构盲目扩张信贷规模的行为，央行加强监管和引导，促进信贷均衡投放，治理和防范资金空转，整顿手工补息行为。这样做，有利于提升货币政策传导效率。

在结构性货币政策工具方面，近两年，中国人民银行设立科技创新和技术改造再贷款，加大对科技创新和设备更新改造的金融支持。推出房地产支持政策组合，包括降低个人住房贷款最低首付比例、取消个人房贷利率下限、下调公积金贷款利率，推动降低存量房贷利率，并设立保障性住房再贷款，用市场化方式加快推动存量商品房去库存。创设证券、基金、保险公司互换便利和股票回购增持再贷款，着力提振资本市场预期。

截至 2024 年末，结构性货币政策工具余额约 6.3 万亿元，占人民银行总资产的 14.2%，聚焦支持小微企业、绿色转型等国民经济重点领域和薄弱环节。

截至 2024 年 12 月，我国社会融资规模存量达 408.34 万亿元，广义货币（M2）余额达 313.5 万亿元，宏观金融总量规模已经很大，不宜再大幅度扩大金融总量。要认识到，新增贷款是为了支持经济增长，盘活低效存量贷款也是为了支持经济增长。所以，要高度重视盘活存量。

根据我国经济运行的实际和改革开放要求，应当特别注意保持货币政策稳健性，保持货币政策工具箱充实有效，要不断完善货币政策传导机制，提高资金使用效率，营造良好的货币金融环境。要增强汇率弹性，保持人民币汇率在合理均衡水平上的基本稳定。健全货币政策沟通机制，有效稳定和引导市场预期。

在优化金融总量指标方面，第一，不再对 M2、社会融资规模等金融总量增速设定具体目标数值，调整为"与名义经济增速基本匹配"等定性描述。第二，我国狭义货币（M1）统计口径是在 30 年前确立的，随着金融服务便利化、金融市场和移动支付等金融创新迅速发展，需要考虑对货币供应量的统计口径进行动态完善。个人活期存款以及一些流动性很高甚至直接有支付功能的金融产品，从货币功能的角度看，需要研究纳入 M1 统计范围，更好反映货币供应的真实情况。

未来，还可以继续优化货币政策中间变量，逐步淡化对数量目标的关注。需要把金融总量更多作为观测性、参考性、预期性的指标，更加注重发挥利率调控的作用。调控短端利率时，中央银行通常还会用利率走廊工具作为辅助，把货币市场利率"框"在一定的区间。目前，7 天期逆回购操作利率已承担起主要政策利率的角色。

我国货币投放的"锚"也已发生历史性变化。在我国出口规模占经济总量之比偏大的时期，我们主要靠外汇占款被动投放基础货币；2014 年以来，随着外汇占款减少，我们发展完善了通过公开市场操作、中期借贷便利等工具主动投放基础货币的机制。随着我国金融市场快速发展，债券市场的规模和深度逐步提升，央行投放货币的模式将转换为在二级市场买卖国债。

2024 年 7 月 5 日，中国人民银行宣布，已经与几家主要金融机构签订了债券借入协议，将采用无固定期限、信用方式借入国债，且将视债券市场运行情况，持续借入并卖出国债。2025年1月暂停开展公开市场国债买入操作。

当前，我国货币政策优化和执行落地的效果初步显现。从2024年9月下旬以来，实施降准、降息，优化调整房地产金融政策，其中降低存量房贷利率惠及5000万户家庭，每年减少家庭利息支出约1500亿元。信贷结构持续优化，制造业贷款增速高于全部贷款增速，普惠贷款增长较快。资本市场稳定机制增强。人民币汇率保持基本稳定。

截至2024年12月末，社会融资规模存量、人民币贷款余额、M2余额同比分别增长8.0%、7.6%、7.3%，均高于名义GDP增速。企业新发放贷款加权平均利率处于历史低位。

下一步，要实施好适度宽松的货币政策，保持流动性合理充裕，使社会融资规模、货币供应量增长同经济增长、价格总水平预期目标相匹配。畅通货币政策传导机制，发挥市场利率定价自律机制作用，提升银行自主性定价能力，推动企业融资和居民信贷成本下降。发挥好货币政策工具总量和结构双重功能，持续做好金融"五篇大文章"，保持人民币汇率在合理均衡水平上的基本稳定。

红利
阐释

货币政策调节的对象是货币供应量，即全社会总的购买力。包括：流通中的现金和个人、企事业单位在银行的存款。流通中的现金直接影响到消费物价水平，是货币政策最关注的指标。货币政策顺应市场、超前引领市场，将带来全社会生产效率、市场效率提升，反之亦反。

狭义的货币政策是指，中央银行为实现预期经济目标采用的各种控制和调节货币供应量或信用量的方针和措施的总称，包括信贷政策、利率政策和外汇政策。广义的货币政策是指，政府、中央银行和其他部门所有有关货币方面的政策规定以及所采取的影响金融变量的一切措施。从全球主要经济体实践来看，货币政策与财政政策必须一起考虑，而不能单独考虑。

随着我国社会主义市场经济不断深化，市场主体的行为模式呈现新的变化，新经济模式不断涌现，同时也要面对国际货币竞争的挑战，货币政策传导机制需要完善和创新，这是当前工作聚焦点。

20. 提高股市质量

　　支持长期资金入市。提高上市公司质量，强化上市公司监管和退市制度。建立增强资本市场内在稳定性长效机制。完善大股东、实际控制人行为规范约束机制。完善上市公司分红激励约束机制。健全投资者保护机制。

　　——引自《中共中央关于进一步全面深化改革　推进中国式现代化的决定》

使命解读

　　股权市场的大发展对于经济跨越发展、升级发展至关重要。这是因为，长期资本可以为产业爆发式发展、科技创新提供长周期的资金支持，而债务融资不能承担这样的功能。做强股权市场，汇聚更大规模的长期资本，是我国经济高质量发展的重大任务。

由于我国资本市场发展时间较短，人们对股权市场规律的认识还有很多不足，功利性诉求比较普遍，而功能性诉求比较薄弱。2022 年以来，国内股市再度陷入低迷，2023 年下半年出现连续大幅度下跌，使投资者信心受到严重冲击。

结构性失衡是导致股市长期低迷的根本原因。第一是新增上市公司和长线资金之间的失衡。近年来，新上市公司快速增加，2018—2023 年新增上市公司 1700 家左右，IPO 融资额 2.2 万亿元，看似不多，但二级市场接下来要消化的限售股市值可能要达到 15 万亿元左右。这导致股票供给和资金供给严重失衡。第二是上市公司实际流通股权和限售股之间的权益失衡。流通后的股权最大的好处是可以随时变现，而限售股为兑现准流通权收益，往往要采取变通措施。第三是较高的发行价和上市公司分红之间的失衡。分红是回报股东的一般方式，也是推动市值稳定增长的重要途径，但如果发行价过高，分红对市场的正向驱动功能有可能贬值。

各方面对治理股市、提振股市提出了一些建议，包括放缓 IPO 融资、严格限售股管理、严格融资融券管理、约束量化投资和股指期货做空，等等。也有人列举其他国家对违规造假公司和退市公司的惩罚性措施。比如，有的国家规定，一旦上市公司触发退市红线，要先定一个股票回购价格，由该公司全面回购在市场上流通的股票；并且，在确定退市之后，该公司不得进行资产重组，也不得出让资产。又如，有的国家在股市不稳定时，暂停做空机制。这些措施有助于解决市场失衡，保持市场有效率的运行。但同时，阶段性政策措施要和长期稳定的制度建设配合起来，实现短中长统筹决策。

股市稳定运行的基石是完善的法律制度和有效的监管机制。法律制度和有效监管是上市公司基本面真实可靠、所披露信息真实有效的保障。如果上市公司的运营质量和公开信息质量堆积太多问题，就会严重挫伤投资者的信心。这方面的问题是需要认真检视的。近几年，上市公司财务造假、虚构业务、不法输送利益的案件并不罕见。还有一些上市公司和中介机构侵害投资者权益的行为，看起来金额不大，有的甚至难以判定金额，但没有被及时发现，也没有得到及时处理，同样会影响投资者的信心。

2024年4月12日，国务院发布《关于加强监管防范风险推动资本市场高质量发展的若干意见》（简称"新国九条"），回应了投资者关心的一系列制度问题，拿出了一揽子措施。明确提出，提高主板、创业板上市标准，完善科创板科创属性评价标准。提高发行上市辅导质效，扩大对在审企业及相关中介机构现场检查覆盖面。明确上市时要披露分红政策。将上市前突击"清仓式"分红等情形纳入发行上市负面清单。从严监管分拆上市。严格再融资审核把关。

目前，新股发行节奏已经放缓。随着审核标准提高，一些原来申请上市的公司主动退出申请。同时，对于已上市公司，也加强了"回头看"巡查检查，已查处一批造假和信息披露违法案件。

在持续监管方面,"新国九条"强调,"加强信息披露和公司治理监管。构建资本市场防假打假综合惩防体系,严肃整治财务造假、资金占用等重点领域违法违规行为","督促上市公司完善内控体系"。可以说,股市中的所有违法违规和侵权问题都与上市公司质量和真实性有关。牢牢盯住上市公司质量这条主线、依法严格监管,是提振股市信心、提升市场价值的唯一路径。

"新国九条"把加强监管放在首位,强调防范风险,从上市公司、行业机构、交易机制、长线资金供给、外围改革环境等方面作出部署,体现了系统性思维,回应了市场关注的重点难点问题,有助于匡正认识,提升市场公平与效率,激发市场发展活力。

2024 年 7 月 5 日,国务院办公厅转发了《关于进一步做好资本市场财务造假综合惩防工作的意见》,要求进一步加大对财务造假的打击力度,完善监管协同机制,构建防治财务造假长效机制,提出了系统性举措。这有助于匡正市场风气,激励价值投资者。

2024 年 9 月 24 日,央行宣布创设两项政策工具,支持股票市场发展。一项是证券、基金、保险公司互换便利——符合条件的机构可以使用手中的债券、股票 ETF、沪深 300 成分股等资产作为抵押,从中央银行换入国债、央行票据等高流动性资产。首期操作规模是 5000 亿元。另一项是股票回购、增持再贷款——通过再贷款支持,商业银行向上市公司和主要股东提供贷款,用于回购和增持上市公司股票。首期额度是 3000 亿元。这是我国资本市场预期管理和宏观管理的重大进步，是塑造资本市场生态的一项有力举措。

关于创设证券、基金、保险公司互换便利，主要是让符合条件的证券、基金、保险公司通过资产质押，从中央银行获取流动性，这就可以大幅提升这些机构的资金获取能力，减少它们从事短期行为的利益驱动。在市场剧烈波动时期，证券公司、基金公司应该发挥稳定市场的作用，但它们往往因为资金周转问题有时会显得力不从心。有了"互换便利"，证券、基金公司可以合理合法地借到资金，其理性增持股票的能力将有所增强。

关于创设回购和增持专项再贷款，主要是引导银行向上市公司和主要股东提供用于回购、增持股票的贷款。这也是一项十分务实的创新举措。无论是受宏观经济周期的影响，还是受资本市场自身波动的影响，在股价大幅度下调之际，基础较好的上市公司都有必要采取回购、股东增持等方式稳定股价。但我国上市公司大多缺乏这方面的资金安排，也缺乏这方面的金融工具，这次创设回购和增持专项再贷款将补上制度短板，属于一项突破性举措。

要落实好"新国九条"要求，通过严格依法监管，引导上市公司、中介机构、机构投资者"硬起来"，强化各类主体的行业功能，而不是只追求短期的利润。因为如果不重视功能建设，各主体就会过于追求短期利润，甚至追求"短期套现"。

除了上市公司发行和再发行环节，还要对上市公司大股东、中介机构、地方政府、交易场所的行为加强规范。对量化交易、融资融券、衍生品交易等交易机制也要完善，避免形成制度上的合成谬误、制度上的风险漏洞。上市公司退市渠道要多元化，退市过程中须保护普通投资者权益。也要提高广大散户投资者的价值投资意识，发挥散户对市场机制的监督作用。短线投资者也要认识到，不盯住上市公司基本面是有风险的。要鼓励中小投资者对上市公司的不当行为进行抵制、举报和必要的斗争。

实现这样一种良性市场生态，还需要一个过程。消化质量较差的存量上市公司，无论是资产置换，还是缩股、回购股份，或是并购重组，都不可能一蹴而就，但一定要坚持做下去。随着按质论价的市场风气上升，健康稳定的行情就可以实现。

**红利
阐释**

股市提质对于我国股市具有重大现实意义：一是由于我国股市参与主体存在多重结构性矛盾，需要通过机制创新和增量改革来加快破解；二是近三年低质 IPO 现象较为突出，部分上市公司资产质量和治理质量都不高，需要通过场内重组和严惩违法违规加以解决；三是证券公司、基金公司等投资机构的市场塑造能力较弱，需要下大力气提升其

坚定的使命

治理水平和竞争力；四是监管资源和监管水平也有较大提升空间。因此，股市提质是一项立体工程和长期任务，需要加快推进。股市运行稳定，所形成的红利将是全面的、广泛的。

124

21. 发展耐心资本

鼓励和规范发展天使投资、风险投资、私募股权投资，更好发挥政府投资基金作用，发展耐心资本。

——引自《中共中央关于进一步全面深化改革　推进中国式现代化的决定》

使命解读

所谓"耐心资本"，是指不以博短期差价为目标，遵循投资周期逻辑，追求长期稳定收益，有较高风险承受力的资本。耐心资本的本质是长期资本。

长期资本之所以做到长周期持有，与其资金规模大，进退都需要时间和空间有关。而从事长期投资、大规模投资，必须具备深厚的研究实力、稳定的战略魄力、科学的组织能力和运作能力。

坚定的使命

目前，从全球范围看，美国是耐心资本聚集较多的国家。截至 2024 年 12 月，美国股市市值为 60 万亿美元左右，占全球的一半左右。根据 2025 年 2 月最新数据，美国经济总量为 29.2 万亿美元，占全球经济总量的 27%。美国以占全球 27% 的经济总量，拥有占全球约一半的股市市值，足以说明美国资本市场的特殊性——美国依靠全球性霸权体系吸引和占有全球大量资本。

中国作为一个新兴市场国家，在资本积累上弱于美国是正常的。吸引和聚集长期资本，要靠产业、靠科技、靠市场，还要靠对全球治理的参与度和掌控度。

同时，我们也要客观认识到，我国的长期资本也在逐步壮大。其中，基础设施、能源资源、军工科技、网络通讯、粮油食品、旅游交通、医疗养老、教育培训等领域，都有对应的大型企业或企业集团。支撑这些大型企业或企业集团的，都是长期资本。

可以说，我国实业领域的长线资本、长期资本是比较充足的，是可以满足国计民生发展要求的，目前的短板在资本市场。但是，实业领域的耐心资本，与本国经济高质量发展、产业链供应链国际化统筹的要求也还有不小的差距，需要加强。

对耐心资本也要辩证看待，不可过于机械。须知，耐心资本并不是完全不考虑短线操作的，而是要把短、中、长投资结合起来。耐心资本与非耐心资本是相互交织的，是可以转换的，而不是完全分割的。

耐心资本的特征有三，并且是三位一体的：第一，投资行为是长周期的；第二，投资是结构性，是有组合的；第三，要经历必要的风险和失败。耐心资本进行长期投资，是一个系统化、结构化、有对冲的过程，是包括获取收益和防范化解风险的过程。

耐心资本的运作也要受到制度和政策环境、国际博弈因素等的影响，并且要遵循市场竞争规律。

从制度和政策环境来说，我国资本市场制度的稳定性是不够的。要在深入调研基础上，加强市场制度的系统性建设。进一步深化股票发行注册制改革，立足市场供需基本平衡，完善基础制度，增加信息透明度，强化依法监管。首先要做到首次公开募股（IPO）定价科学有效。只有做到这一点，市场诚信才能建立起来，认股权证、融资融券、IPO跟投、量化交易、雪球等投资工具才有可靠的锚定物。

耐心资本需要有耐心、有耐力的人。首先是身体素质、心理素质好，能扛住风浪；其次是善于组织谋划，能够对产业趋势、政经大势作出准确而平衡的判断，进而形成穿越周期的投资能力。支撑耐心资本的基本条件包括：畅通的、全面的信息渠道，强大的、高水准的研究团队，丰富的、立体的融资渠道，充足的、多元化的市场工具组合。

在全球范围，耐心资本除了受市场环境、产业周期的影响外，还受到国家之间战略博弈的影响。美国作为世界第一大经济体和最大的霸权国家，具有聚集全球耐心资本的条件，也具有调度全球耐心资本的特权。这是因为，美国的跨国公司具备跨周期、跨地域调度组合资源，采取结构性方法规避市场风险的能力，并且掌控全球定价能力，而其他国家的企业不具备这样的条件。

但这一情况也出现了微妙变化。经过近 30 年的演变，全球制造业版图重构，美国的制造业走向相对弱势。美国政府大搞"脱钩断链""小院高墙"，本质上是希望继续通过美国在科技、资本、品牌等方面的优势收割全球利润。在这种情况下，美国的耐心资本也会呈现向国内和友岸回撤现象。

中国发展壮大耐心资本，一是夯实基础制度，让所有参与中国大市场的主体感受到制度和政策的稳定性、连续性、可预期性。为此，要加强制度建设，也要加强舆论工作，讲好中国制度优越性的故事。二是不断优化营商环境，坚持"多予少取"原则，鼓励依法竞争，保护依法维权，坚决打击违法犯罪行为。三是处理好国际博弈问题。加强与各国在政治、经贸领域的沟通合作，及时管控矛盾、处理纠纷。同时，在双边、多边机制中多谋共同利益。

还需要指出，倡导发展和壮大耐心资本，并不等于忽略短线资本的积极作用，而是促使资本结构更加均衡，夯实经济发展、资本发展的后劲。

红利阐释

　　耐心资本是一种专注于长期投资的资本形式，不以追求短期收益为首要目标，而更重视长期回报的项目或投资活动，通常不受市场短期波动干扰，是对资本回报有较长期限展望且对风险有较高承受力的资本。从全球实践看，耐心资本主要来源于政府投资基金、养老基金（包括社保基金、企业年金、个人养老金）、保险资本等，是私募创投基金、公募基金等引入中长期资金的重要来源，能够为投资项目、资本市场提供长期稳定的资金支持，是科技创新和产业创新的关键要素保障，是发展新质生产力的重要条件和推动力。毫无疑问，耐心不是无缘无故的，良好的制度设计和激励保护机制十分重要。要根据中国国情完善激励保护机制。

22.优化税制

　　建立权责清晰、财力协调、区域均衡的中央和地方财政关系。增加地方自主财力，拓展地方税源，适当扩大地方税收管理权限。

　　——引自《中共中央关于进一步全面深化改革　推进中国式现代化的决定》

使命解读

　　根据我国经济社会发展、经济结构变化、税源结构变化以及宏观调控目标，有必要完善税制。要在税负基本稳定的同时，完善税收政策，优化税收结构，促进各项事业发展。

　　国际上大部分市场经济国家，中央政府的主要税源包括：所得税的大部分、全部社保税、关税等；省或者州政府的税源主要包括：一部分所得税，大部分消费税；县市基层政府的税源主要是财产税，其中，房地产税占60%。

我国税源结构和税收结构有自身特点，不能完全复制其他国家的模式，但可以有所借鉴。例如，对消费税进行结构性调整，可以既开辟税源，又增加宏观调控工具，还有利于降低生产成本，促进生产企业积极性。

我国企业所得税税率已经比较适当，减和增的空间都不大。可以加税的部分，主要是个人所得税和财产税。目前，我国个人所得税收入在税收中的比重仅为7%。其中一个重要的原因是，征收资本利得税的门槛过高，导致个人资产持有税难以实施。目前各种类型的资本利得税率是20%，同时有很多优惠政策。这会促使部分企业主、股东等将劳动所得转换为资本利得，以减少税负。加强资本利得税的征收是一个重要方向，但需要加强调研和沟通，不能贸然出台征收举措。要在对居民整体收入结构调整的基础上，考虑征收资本利得税的制度设计。

对于财产税中的房地产税，关键是，起征点要均衡合理，既不对广大群众的收入水平造成不利影响，又要发挥好调节收入、增加财政收入的目的。

有专家提出，将农村居民的宅基地、承包耕地、农村企业的土地，通过改革的办法盘活，采取与国有土地一样的确权认证方式，使其进入竞争性市场，开展资本化的流动。如此，就可以实现这部分土地的价值化、可交易化，同时形成资产交易税收，作为一个重要税源。但这一改革需要一个过程。

优化消费税征收和分配机制，扩大消费税源，为地方政府增加税收来源，是目前税制改革最可行的途径之一。2019 年，《国务院关于印发实施更大规模减税降费后调整中央与地方收入划分改革推进方案的通知》提出，后移消费税征收环节并稳步下划地方。后移是指由过去生产方代缴后移至批发商或零售商向所在地税务机关代缴；下划是指由过去完全归属于中央，改为将部分比例或部分税目的消费税划给地方政府。消费税后移和下划之后，部分收入将下划至消费地地方政府。2024 年国务院立法工作规划提出，拟将《消费税法草案》提请全国人大常委会审议。

消费税改革后，存量部分可核定一个基数，由地方上解中央；增量部分原则上将归地方。消费税的税目可适当扩充。目前只针对少数消费品征收，包括游艇、贵重首饰珠宝、成品油、烟、酒等。此前，珠宝首饰已经转为在零售环节征税，并且留给地方政府了。适当扩大消费税征收范围，既可为地方政府拓展收入来源，还可以改善消费环境，调节收入。

党的二十届三中全会明确指出，研究把城市维护建设税、教育费附加、地方教育附加合并为地方附加税，授权地方在一定幅度内确定具体适用税率。还明确，完善财政转移支付体系，清理规范专项转移支付，增加一般性转移支付，提升市县财力同事权相匹配程度；建立促进高质量发展转移支付激励约束机制。

要按照事权、财权相互匹配的原则，进一步完善中央政府和地方政府的事权划分，并优化财权结构。中央政府在促进社会公平、环境保护、区域协调发展、构建全国统一大市场等领域发挥主导作用。同时，地方政府也需管好、管实应由地方层面管理的事务。两者都要匹配相应的财权。重点是提高地方财政保障水平，调整优化地方财政收入结构。

在转移支付方面，要避免一味加大中央对地方转移支付的比重，中央政府和地方政府都要积极转变政府职能、调整经济发展思路，中央政府管好涉及全国性事务的财政支出，地方政府管好地方民生和基本公共服务领域的支出。要建立健全转移支付分类管理机制，共同财政事权转移支付根据中央财政支出责任足额安排，探索实行差异化的补助政策，推进地区间基本公共服务水平更加均衡；加强转移支付分配使用和绩效管理，加大绩效评价结果运用力度，确保资金用在刀刃上。

科技支出特别是基础性、长远性的基础研究支出，中央政府承担主要责任，有利于促进分配公平，形成更好的统合效应。跨地区的基建投资、价格补贴等全国性宏观调控支出，也应主要由中央财政承担。既要承担支出责任，也要承担管事权。

鉴于目前经济增长缓慢，既要保持税源基本稳定，保证公共开支有钱可用，也要考虑放水养鱼，为特定市场主体减税降费。方向是以结构性减税降费为主，由原来的主要着眼缓解企业短期困难转向主要着眼企业和经济的长期发展。

坚定的使命

红利阐释

　　优化税制是很多国家都要面对的问题，我国处在经济结构转型的关键阶段，也需要针对性优化税收体系，调整税收结构，增减税收品种。同时，由于目前处在经济增长的相对低潮期，要坚持税负总体稳定、适度调整结构的原则开展工作，着力涵养税源、提振经济。主要是合理划分中央和地方事权，将事权和财权统一起来。要适度增加地方政府的税收来源。

23. 用好超长期特别国债

完善国有资本经营预算和绩效评价制度，强化国家重大战略任务和基本民生财力保障。

——引自《中共中央关于进一步全面深化改革　推进中国式现代化的决定》

使命解读

发行超长期特别国债，专项用于国家重大战略实施和重点领域安全能力建设，是依托国家信用，由中央政府开展的筹资和投资行为，有助于稳定经济增长，形成有效益的资产，推进落实国家重大战略。

超长期债券的期限至少超过 10 年，可以通过拉长投资周期、还本付息周期，缓解中短期偿债压力，以时间换空间。发行超长期国债的目的是筹集财政资金，用政府信誉拉动经济，扩张投资

坚定的使命

和消费需求，降低经济社会运行成本，提高经济运行效率。

我国在 2024 年超长期特别国债发行之前，共计发行过三次特别国债。1998 年发行特别国债 2700 亿元，目的是补充四大行注册资本金。2007 年发行特别国债 1.55 万亿元，目的是购买外汇，作为组建中投公司的资本，而中投公司的主要职能是开展海外投资。2020 年发行特别国债 1 万亿元，用于支持受疫情冲击的企业和个人、加强公共卫生等基建和抗疫等相关支出。此外，2017 年和 2022 年，部分特别国债进行了续发延期。

截至 2024 年 4 月底，我国存量特别国债规模达到 50936.9 亿元，占存量国债的比重达到 16.9%。其中 15 年期、20 年期、30 年期和 50 年期占比分别为 0.1%、1.6%、11.6% 和 3.6%。相比其他主要经济体，我国特别国债占比较低，有一定的运用空间。

2024 年 3 月 5 日，政府工作报告指出，从当年开始拟连续几年发行超长期特别国债，专项用于国家重大战略实施和重点领域安全能力建设，2024 年先发行 1 万亿元。

2024 年 5 月中旬开始，财政部发行 1 万亿元超长期特别国债，期限为 20 年、30 年、50 年，分 22 次发行完毕。2025 年超长期特别国债发行规模有望进一步增加。

一般来说，发行特别国债都带有一定的应急特征，2024 年开始将连续几年发行特别国债，不仅仅是应急，而是应急与长期建设相结合。从一定程度上说，长期建设的作用更大，目的是发挥中央财政主动性，高标准推动有效政府投资。

政府工作报告指出，发行特别国债"专项用于国家重大战略实施和重点领域安全能力建设"。这与 1998 年至 2008 年我国连续发行主要投向基建、农业、环保、技术改造等领域的 10 年期长期建设国债较为相似。国家发展改革委介绍，特别国债重点聚焦加快实现高水平科技自立自强、推进城乡融合发展、促进区域协调发展、提升粮食和能源资源安全保障能力、推动人口高质量发展、全面推进美丽中国建设等方面的重点任务。

发行超长期特别国债将重塑基建和财政央地结构。可以缓解短期偿债压力，更从容地开展周期长、短期收益较弱项目的建设，为中长期经济发展提供支持。在地产行业偏弱、土地出让收入大幅减少的背景下，中央政府主动加大中长期项目投资，可以有效减缓地方政府的负债压力，弥补地方政府债融资的不足。并且，相比于降准、降息，财政发力可以在一定程度上避免资金空转，形成直接的提振效果。

2024 年财政预算显示，大部分资金将在政府性基金预算列支，未明确预留资金调入一般公共预算。并且，中央政府性基金本级支出规模相对较大，预计达到 8712.91 亿元，大幅超出中央政府性基金收入和上年结转收入之和。这预示超长期特别国债将主要聚焦于有项目收益的盈利性投资项目，对项目收益的要求是比较高的。

考虑到超长期国债将在未来数年将连续发行，说明其定位并

坚定的使命

非短期政策措施。2024年先发行1万亿元，年内能够落实为实物工作量的只是其中的一个部分，还有一部分资金将和未来几年的超长期特别国债资金形成跨期配合衔接。

从国债投资者角度看，以2024年特别国债一期为例，其票面利率为2.57%、期限为30年，这意味着投资者每年可获得2.57%的收益，高于三年期定期存款。与定期存款相比，还具有流动性更高，可以随时卖出的优势。此外，特别国债还受免征利息所得税，并可通过买入卖出获得票面利率以外的资本利得。

红利阐释

"超长期特别国债"的关键词，一是"超长期"，指还本付息的时间周期很长，最短的20年，最长的50年。二是"特别"，指筹得的资金具有特定目标、特定用途。超长期国债是财政融资的重要手段。

超长期特别国债可以依托中央财政信用，筹集大规模建设资金，实现对于国家战略项目的投资，同时降低政府短期还债的压力。我国经济长期向好，政府信用级别很高，筹集长期资金具有坚实基础。同时，超长期特别国债可以丰富金融机构市场化操作的品种，实现风险管理和收益的平衡，也有助于引导市场利率更加均衡。

24. 化解地方隐性债务

完善政府债务管理制度，建立全口径地方债务监测监管体系和防范化解隐性债务风险长效机制，加快地方融资平台改革转型。

——引自《中共中央关于进一步全面深化改革　推进中国式现代化的决定》

使命解读

在经济发展关键时期，既要着眼长远，以超长期特别国债方式筹集资金，加大长期建设资金投入；也要关注眼前，积极防范化解地方政府债务风险。

2024年11月8日，全国人大常委会表决通过《国务院关于提请审议增加地方政府债务限额置换存量隐性债务的议案》，增加地方政府债务限额6万亿元，用于置换存量隐性债务。财政部介绍，从 2024 年开始，我国连续 5 年每年从新增地方政府专项债券中安排 8000 亿元，专门用于化债，累计可置换隐性债务 4 万亿元。同时明确，2029 年及以后到期的棚户区改造隐性债务 2 万亿元，仍按原合同偿还。

地方债和专项债有何区别？前者是一种更为广泛和通用的债务工具，主要用于支持地方经济建设和公共事业发展，而后者则更为具体和专项，主要用于支持特定项目的建设。地方债偿还主要依赖地方政府的财政收入，而专项债则主要依赖项目收益。专项债不计入赤字。

数据显示，2023 年底，全国隐性债务余额为 14.3 万亿元。上述三项政策协同发力，此番用于化债的组合拳规模达 12 万亿元。这样，2028 年之前地方需消化的隐性债务总额从 14.3 万亿元大幅降至 2.3 万亿元，平均每年消化额从 2.86 万亿元减为 4600 亿元，不到原来的 1/6，化债压力大大减轻。

《中共中央　国务院关于防范化解地方政府隐性债务风险的意见》对地方政府隐性债务的表述是："地方政府在法定债务预算之外，直接或间接以财政资金偿还，以及违法提供担保等方式举借的债务"。隐性债务的核心特征有三个：第一，决策主体是地方政府；第二，资金用途是公益性项目建设；第三，偿债资金来源于政府财政资金。因此，不能把地方城投平台所形成的债务都笼统地归为隐性债务。

作为这一轮化债政策的组成部分，2023 年 10 月之后，各省

（自治区、直辖市）在债务限额范围内发行特殊再融资债券，用于置换存量隐性债务，置换对象为纳入隐债的非标融资（指金融机构非标产品）、公开市场债券，以及政府拖欠企业账款（纳入隐债、纳入非隐债或均未纳入）等非金融类债务。2024 年，各地区继续发行特殊再融资债券，还有部分地区发行没有披露"一案两书"（即项目实施方案、财务审计报告和法律意见书），亦未披露募投项目具体投向，募集资金用途仅简单描述为用于地方政府投资项目的"特殊新增专项债"，扩大了置换规模。

2024 年 11 月关于化债的一揽子举措，突破了特殊再融资债券和"特殊新增专项债"地方债务限额的规模限制，将在更大程度上提升存量隐债置换效率，有望实现彻底清零地方政府隐债的目标。

此次决策标志着我国化债工作思路发生重大转变：一是从过去的应急处置向现在的主动化解转变；二是从点状式排雷向整体性除险转变；三是从隐性债、法定债"双轨"管理向全部债务规范透明管理转变；四是从侧重于防风险向防风险、促发展并重转变。

红利阐释

　　地方政府承担着各地民生保障、产业发展的重要使命，其财政状况如何决定着整体经济安全。近年来，受整体经济下行及房地产行业低迷影响，地方财政吃紧，"三保"支出压力不断增大，在相当程度上制约了地方财政功能的发挥。通过增发地方债限额化解地方隐性债，可以让地方有更多财政空间来发展地方经济、托底地方民生。

25. 推进人民币国际化

　　推动金融高水平开放，稳慎扎实推进人民币国际化，发展人民币离岸市场。稳妥推进数字人民币研发和应用。加快建设上海国际金融中心。

　　——引自《中共中央关于进一步全面深化改革　推进中国式现代化的决定》

使命解读

　　《决定》提出："推进自主可控的跨境支付体系建设，强化开放条件下金融安全机制。"跨境支付，既包括人民币跨境支付，也包括其他币种跨境支付。维护金融安全，要在开放状态下、动态平衡中加以实现。从其他国际化货币跨境支付而言，中国主要是完善金融支付便利化，做好安全保障；而人民币跨境支付，则面临一系列拓展性的制度建设工作。

坚定的使命

国际化的货币有如下特征：币值总体稳定；在不同国家的广泛的交易场景中使用，跨币种兑换十分便捷；该币种发行国以外的国家愿意将其作为储备货币。换言之，国际化的货币是货币发行国综合国力的外化表现。

目前，国际化货币分为三种情况。一是超级货币或者霸权货币。依托于美国超级大国地位的美元，在全球储备货币中的比重占59%。而美国GDP仅占全球总量的23%左右。二是强势国际货币，如欧元、日元、韩元、英镑、加拿大元等，它们在全球储备货币中的比重与GDP占比基本一致。如日本1975年到1980年GDP占全球总量的15%左右，那时日元在全球储备货币中比重约为13%。日本现在的GDP占比下降到4.2%，日元占全球储备货币的比重也降到5.47%。三是新兴国际货币。包括中国在内的发展中国家，GDP总量占全球GDP的50%以上，但这些国家全部的货币在全球储备货币中的占比只有5%。中国GDP现在是18万亿美元，约占全球GDP总量的20%，但货币在全球储备货币中的占比仅为2.79%。

我国作为全球第二大经济体，从自身国际地位、贸易体量以及全球金融体系均衡而言，实现人民币国际化，提高人民币在全球的整体地位是必然趋势，但这需要一个过程。

"一带一路"合作机制以及区域全面经济伙伴关系协定（RCEP）合作机制，为人民币国际化开辟了重要途径。第一，各国贸易合作、项目合作可以扩大人民币的使用规模、结算规模；

第二，各国通过双边和多边金融合作机制，实现本币互换，可以减少因美联储政策外溢带来的负面影响；第三，客观上提升了人民币的定价权。

目前，"一带一路"合作机制以及 RCEP 合作机制下，跨境贸易人民币结算主要面临三大难题。一是相关国家的人民币供给不足，制约了当地企业使用人民币进行跨境贸易结算。二是受部分国家资本管制政策的影响，当地企业使用人民币进行跨境贸易结算审批流程较为烦琐。三是部分新兴市场国家（地区）的银行因结算时差、对人民币跨境支持系统（CIPS）不熟悉等原因，制约了跨境业务人民币结算。

为此，应进一步优化人民币清算行布局，加强国际间货币合作，与更多国家和地区央行签订货币互换协议；扩大"一带一路"共建国家当地银行接入 CIPS 系统的范围，方便相关国家使用 CIPS 系统。

目前，人民币在跨境贸易结算领域进展较快。数据显示，2024 年经常项下跨境人民币结算金额为 16.27 万亿元，其中货物贸易、服务贸易及其他经常项目分别为 12.39 万亿元、3.88 万亿元；直接投资跨境人民币结算金额为 8.25 万亿元，其中对外直接投资、外商直接投资分别为 3.01 万亿元、5.24 万亿元。货物贸易人民币收付占跨境收付总额的 30%。

同时，外籍来华人员支付便利化工作取得明显成效，截至2024 年 9 月末，全国重点商户外卡受理覆盖率达 99%；9 月，超 250 万入境人员使用"外卡内绑""外包内用"业务，交易笔数、金额分别较 2 月增长 145%、165%。

目前，我国资本项目实行有限度的开放，这是符合我国金融市场实际的。要在人民币跨国使用占比提高的基础上，逐步扩大人民币在资本项下的流动规模。如此可以有效降低汇率风险，减少贸易成本，减少对外汇储备的依赖。但是，扩大人民币在资本项下的流动规模，也会带来国际热钱套利活动，对正常经济运行带来冲击。应对之策是加强全方位金融监管，做大做强本土金融机构。

中国扩大资本市场开放，也扩大了外资机构使用人民币的规模。目前，众多海外机构通过"环球同业银行金融电讯协会"（SWIFT）渠道将外币兑换成人民币，通过债券通、陆股通、合格境外投资者（QFII/RQFII）、银行代理等渠道投资中国境内股票债券资产。他们投资中国境内金融产品，对人民币在 SWIFT 全球支付占比形成直接影响。

结合汇率利率风险对冲需求，进一步创新人民币国际使用的新工具新产品，持续提升跨境金融服务能力，增强对各类海外机构的人民币跨境投资使用培训，有助于扩大人民币在跨境证券投资的使用规模。

目前，人民币已是全球第四大支付货币、第三大贸易融资货币、第五大外汇交易货币、第五大国际储备货币，初步具备国际使用的网络效应。据中国人民银行发布的《2023 年人民币国际化报告》，中国人民银行共与 40 个国家和地区的中央银行或货币当局签署过双边本币互换协议，目前有效协议为 29 份，互换规模超过 4 万亿元人民币。我国跨境贸易中，人民币清算已达到22%的比重。

展望人民币国际化前景，需要进一步改进营商环境、优化金融制度体系，运用"一带一路"合作机制以及 RCEP 合作机制等，继续扩大人民币的跨国使用范围，提高人民币国际化的层级。

2024 年 7 月 12 日，商务部、中国人民银行、金融监管总局、国家外汇局联合发布了《关于加强商务和金融协同　更大力度支持跨境贸易和投资高质量发展的意见》（以下简称《意见》）。从优化外贸综合金融服务、加强外资金融服务保障、深化"一带一路"经贸合作和对外投资合作、优化支付结算环境、做好风险防控等 5 方面提出 11 条政策措施，强化商务和金融协同。

在支付结算方面，《意见》明确要优化跨境人民币服务，引导银行机构持续优化跨境人民币融资和结算产品，对有实际需求的境外企业优先采用人民币贷款，更好满足重点领域跨境人民币使用需求。同时，帮助企业应对汇率风险，支持银行机构优化汇率避险服务，研究丰富小币种套期保值工具。鼓励有条件的地方推动政银企担多方联动，帮助中小微企业降低外汇套期保值成本。鼓励保险机构发挥在资信调查、国别风险研究等方面的优势，为企业识别境外客户风险提供更加有力的支持。

人民币国际化的长期目标是：第一，人民币可以自由兑换为

坚定的使命

其他币种，可以在境外银行中开设人民币账户，在境外使用以人民币为基础的信用卡和借记卡，可以小规模地直接使用人民币现金；第二，在国际贸易中可以用人民币计价，用人民币支付，而无须关注贸易合同是否与中国有关。第三，人民币可以作为国际投资、融资的货币，除用于实业投资、并购等活动外，也可以用于各种金融资产及其衍生产品交易，包括股票、债券、票据、保单、保函、期货、期权、远期和互换等；第四，人民币可以作为主要国际储备货币之一，占比应与中国经济体量在全球的占比大体相当。

人民币国际化并非坦途，而是面临着美元货币霸权主义的压制。一方面，中国要加强与主要贸易国的金融合作，在互惠互利基础上，通过货币互换等方式规避美元汇率风险、美元霸权风险；另一方面，要加强与美方特别是美联储的政策协调，加强信息沟通，避免美方货币政策外溢效应过多、过大的负面影响。

目前，不仅中国，很多发展中国家都在寻找可以替代美元的便利支付工具和安全储备资产。截至2024年，全球有70个左右的国家或地区开始了不同程度的"去美元化"进程。除了推动石油等大宗商品与美元脱钩之外，相关操作还包括减少在贸易结算、投融资和储备货币等方面对美元体系的依赖，以及发展数字货币和构建独立跨境支付结算机制等，力图尽快摆脱美国主导下的美元金融体系。

国际货币格局大调整是必然的，只是路径和节奏有多种选择而已。在这一历史进程中，人民币依托中国庞大的经济规模、贸易规模和日益开放的市场体系、不断上移的产业链价值链地位，必将走向最具影响力的国际货币"阶梯"。

人民币国际化不等于美元化。美元国际化体系在美国霸权思维和霸权行动的驱动下，滋生了干扰国家之间开展平等互惠合作的负效应、负资产，甚至成为破坏正常国际秩序的因素。中国秉承平等互惠的国际合作准则，在推动人民币成为国际货币的过程中，坚持贸易平等、金融平等、规则平等，不谋求货币霸权，而是为国际金融贸易合作提供稳定支撑。

红利阐释

人民币国际化的本质是中国金融主权在全球金融市场的实现。美元、英镑、欧元等都是国际化的货币，其特点是可以方便地在全球各地支付环境中使用。人民币是后来者，实现国际化还需要走过一段漫长的路。近期目标主要是在跨国贸易支付领域扩大份额；中期目标是在资本市场投资领域扩大份额，这需要加强我国资本市场的定价能力；长期目标是在国际储备货币中扩大份额，这需要建立强大的国内资本市场体系。所以，建设定价机制市场化、监管有效、预期稳定的资本市场十分迫切。

26. 防范金融风险

完善金融监管体系，依法将所有金融活动纳入监管，强化监管责任和问责制度，加强中央和地方监管协同。建设安全高效的金融基础设施，统一金融市场登记托管、结算清算规则制度，建立风险早期纠正硬约束制度，筑牢有效防控系统性风险的金融稳定保障体系。

——引自《中共中央关于进一步全面深化改革　推进中国式现代化的决定》

使命解读

改革开放以来，一方面，我们加快发展分业金融业务体系，扩大市场规模，加强金融监管；另一方面，通过扩大对外开放，逐步放宽外资金融机构准入门槛，强化国内市场竞争。总体上，金融市场实现了规模扩张、公司治理提升、服务实体经济能力增强，但在发展过程中，也积聚了金融风险，威胁金融安全和经济安全。防范金融风险意义重大。

2017 年以来，我国加大金融整顿和风险化解力度，针对性完善监管和治理措施。对一批风险程度高、规模大的企业集团实施"精准拆弹"；着重治理影子银行，实施资管新规等系列监管举措；对互联网平台企业金融业务不规范问题、互联网金融领域风险积聚问题实施专项整治；对地方金融资产交易所、"伪金交所"、第三方财富管理公司等开展风险整治。加大对涉房地产领域金融风险的排查整治，规范信贷、信托、债务融资秩序，有效降低金融风险；近两年，房地产市场出现较大调整，金融部门加大与其他部门协调，出台房地产企业白名单制度，化险与补流相结合，有序化解风险，促进房地市场转型。针对地方政府债务问题，金融部门通过债务展期、债务置换、债券换股权等方式化解风险，努力实现债务和资产平衡，消除隐患。

为彻底消除金融监管空白，我国持续优化金融监管领导体制和监管架构。目前，金融监管实行中央金融委员会和中央金融工作委员会领导下的一行两局一会监管架构，实行集中统一领导，所有金融活动全部纳入监管。

其中，中国人民银行的监管职责主要体现在抓宏观、抓系统性重要性机构，制定宏观监管规则，牵头负责系统性金融风险防范和应急处置，负责金融控股公司等金融集团和系统重要性金融机构监管，视情责成有关监管部门采取相应监管措施，监管银行间债券市场、货币市场、外汇市场、票据市场、黄金市场及上述市场有关场外衍生产品，牵头负责跨市场跨业态跨区域金融风险处置。金融监管总局负责除证券业之外的金融业统一监管。中国证监会负责对证券业实行统一监管。国家外管局负责对全国外汇市场实施统一监管。

这就构建起了"横向到边、纵向到底"的金融监管体制机制，所有金融活动都纳入监管范围。金融监管总局牵头建立兜底监管机制，确保一切金融活动有人看、有人管、有人担责。即使没有登记的主体、没有金融业务的主体，也要纳入监管。

所有金融监管工作，都要强化"五个监管"，即机构监管、行为监管、功能监管、穿透式监管、持续监管。具体来看：坚持以风险为本原则，抓准入、抓法人、抓治理，强化机构监管；依法将各类金融活动全部纳入监管，保护金融消费者合法权益，强化行为监管；坚持"同一业务、同一标准"原则，强化功能监管；坚持"实质重于形式"原则，强化穿透式监管；围绕金融机构全周期、金融风险全过程、金融业务全链条，强化持续监管。

要着力加强监管保障。具体包括：进一步健全金融法治，做好法规政策的"立改废释"，与时俱进完善审慎监管规则；加快监管大数据平台建设，充分运用科技手段提升监管效能；监管部门也需刀刃向内，强化"对监管的监管"，切实做到"打铁自身硬"。

目前，作为我国金融安全基本盘的大型金融机构总体稳健，风险主要集中在中小金融机构，应加大力度推进中小金融机构改革化险，完善金融机构公司治理，严防内部人控制和大股东操作，严防利益输送和违法违规关联交易，持续推动高风险中小金融机构改革化险。

要紧盯重点领域，增强风险处置的有效性。当前，我国房地产市场处于调整阶段，地方政府债务压力加大，金融风险与房地产风险、地方债务风险相互交织、密切联系，风险隐蔽性、突发性、传染性特别强，应适应房地产市场供求关系发生重大变化的新形势，推动积极稳妥化解房地产风险，配合建立同高质量发展相适应的政府债务管理机制，提升风险处置效能。

要深入贯彻落实中央金融工作会议精神，全面加强金融监管，完善宏观审慎管理，要进一步健全涵盖源头治理、早期纠正、恢复处置全流程防控机制，做到对风险早识别、早预警、早暴露、早处置。要根据风险形成的客观规律和各主体应承担的法定责任，构建多层次风险分担机制，筑牢风险防御体系。

凡是重大金融风险，背后都藏有腐败行为。要持续保持惩处金融腐败的高压态势，坚持"受贿行贿一起查"，一体推进惩治金融腐败和防控金融风险。严厉惩治金融领域监督、管理、审批等环节通过利益输送、权钱交易实施的贪污贿赂犯罪，金融监管部门工作人员玩忽职守、滥用职权等渎职犯罪。加大对金融监管人员和国有金融机构高级管理人员监守自盗、与不法分子内外勾结的职务犯罪的惩治力度。发现一起，查处一起，以儆效尤。

当前，我国防范化解金融风险隐患取得初步成效。一是金融支持地方政府融资平台债务风险化解取得积极成效。搭建金融支持融资平台债务风险化解政策框架并持续优化，建立专项工作机制和常态化统计监测、数据查询系统，明确融资平台退出政策安排，压降融资平台债务规模和平台数量，防"爆雷"成效显现。二是支持房地产市场平稳健康发展。下调并统一全国层面个人住房贷款最低首付比例，取消全国层面个人住房贷款利率政策下限，下调住房公积金贷款利率。推进城市房地产融资协调机制落地见效。新增5000亿元抵押补充贷款额度支持保障性住房建设、城中村改造、"平急两用"公共基础设施建设，建立健全住房租赁金融政策体系。三是稳妥化解重点中小金融机构风险。将中小金融机构化险纳入各省（自治区、直辖市）防范化解地方债务风险一揽子方案，高风险中小银行处置取得积极进展。四是防范和打击非法金融活动。出台防范和打击非法金融活动工作意见。开展打击非法集资专项行动。清理"伪金交所"活动。五是有效应对外部风险冲击。坚决维护香港国际金融中心繁荣安全。健全自主可控跨境支付体系，维护我金融机构和金融市场体系安全稳定。六是完善金融风险防范、预警和处置机制。健全金融稳定制度，存款保险机制可为99%以上的存款人提供全额保障。

红利闻释

　　金融风险具有不确定性、经济社会相关性、高杠杆性、行业传染性。一项金融交易发生风险，可能对从事该交易的金融机构构成生存威胁；一家金融机构发生风险，可能对整个金融体系带来巨大冲击。从一些国家的教训来看，金融危机不管由什么原因引起，最终都表现为支付危机，即无法清偿到期债务，银行系统不能满足存款者的普遍提存要求，走向破产，进而导致全社会经济秩序混乱，甚至引发政治危机。

　　我国人口多，市场规模大，发展和稳定的任务重，必须高度警惕和认真防范化解金融风险，守住不发生系统性金融风险的底线。近些年，金融领域暴露出一系列风险，有的还十分严重；同时，金融风险与金融腐败相互交织，损害党和政府的信誉。党中央下大力气整治金融秩序，防范化解金融风险，实现金融体系整体稳定，这个红利是"日用而不觉"的，却是十分宝贵的。这也体现了我国社会主义制度的独有优势。

27. 打造雄安"未来之城"

高标准高质量推进雄安新区建设。

　　——引自《中共中央关于进一步全面深化改革　推进中国式现代化的决定》

　　雄安新区建设是引领高质量发展的重大标志性工程，具有全面示范作用。新区既承接北京非首都功能疏解任务，又构建现代化新城市运行的体制机制，涵盖生产、生活、科技、社会、生态建设等各个方面，贯彻绿色、创新、协调、开放、共享的新发展理念。

　　截至 2025 年 1 月，雄安新区累计实施重点项目 400 多个，总建筑面积 5014 万平方米。环城市外围道路框架、内部骨干路网、生态廊道、水系构成的城市建设"四大体系"基本形成。这些建设成就处处展现着新型城市建设理念。

按照规划，生活在雄安新区的人们，只要 15 分钟，就可以到达社区食堂、养老驿站、卫生服务中心、各类学校和超市等场所，享受 15 分钟生活圈便利。除了已经建成的中小学校、托幼场所等，大专学院也在加紧配备，北京科技大学等高校、北京大学人民医院雄安院区等正在加紧建设。

雄安在全域推广绿色建筑，打造现代市区景观。自新区设立以来，新建建筑中高星级绿色建筑占比达 100%。新区对生活垃圾、建筑垃圾、农业固体废物、工业危险废物、一般工业固体废物实施分类精细化管理，实现减量化、无害化、资源化。新区街头抬头不见电线，地面不见井盖，所有电力、通信、燃气、供热、给排水工程管线，都住进了地下综合管廊这个"集体宿舍"。雄安还建设全域数字孪生城市，打造"城市大脑"管理体系，提高城市运行管理效率和水平。

雄安新区实行新型住房模式。不搞大规模商业房地产开发，不搞土地财政，用好政府有形之手和市场无形之手，按需配置住房用地，按需建设住房及配套设施。以"成本＋税费＋合理利润"测算住房备案价格，既体现房价和地价联动，又以住房质价相符为导向，坚决防止房价大起大落。

新区建立了多元化住房供给体系，包括商品住房、共有产权住房、机构租赁住房和保障性租赁住房。其中，商品住房和共有产权住房为销售型住房，机构租赁住房和保障性租赁住房为租赁型住房。销售型住房对象为北京非首都功能疏解单位人员。

在雄安新建片区，市场化住房项目按不低于 30% 比例配置只租不售的租赁住房。实行租售同权，即在教育等公共服务方面同等对待租房者与购房者。推动住房租赁市场机构化、专业化、规模化，稳定租赁关系和租金水平，鼓励长期租赁行为，让群众安心租房。

为推动工作平滑对接，京雄"同城化"服务正在稳步推进。新区出台用地、住房、人才等 10 方面配套政策，确保疏解人员基本养老保险待遇、医保待遇、住房公积金待遇不低于北京同期水平。目前已实现 107 项服务事项同城化办理。

央企入住、平台建设标志着非首都功能疏解与构建新发展动能相互对接。各疏解单位高质量推进项目建设和产业布局，中央企业带头行动，已在新区设立各类机构近 300 家。中国中化、中国华能等央企总部等正在加紧建设。新区中关村科技园、中试基地等十余个创新产业平台已投入使用。

为集聚发展新动能，国家给予雄安以国家级新区、自贸试验区、综合保税区、跨境电商综试区等政策支持，助新区实行高水平开放，发展外向型经济。2024 年初，雄安综合保税区（一期）通过验收。依托"四区"政策叠加优势，构建"保税+"等产业体系。2024 年完成首票进出口业务，并加快扩大规模，截至 2024 年 5 月已签约入驻 25 家企业。新区加快发展跨境电商业务，2024 年进出口额达到 8.2 亿元。

新区科技聚集效应正在扩大。雄安科创中心积极对接北京航空航天大学大型金属构件增材制造国家工程实验室、清华大学高端装备界面全国重点实验室、航天科工全国重点实验室等合作项目，并与高等院校、科研院所、高新技术企业等共建联合实验室、研究中心、工程技术中心。

新区积极引进大科学装置、全国重点实验室等国家级创新平台，重点建设雄安创新研究院、空天飞行技术全国重点实验室、国家半导体激光技术创新中心、国家医学中心等 17 个国家级前沿创新平台。

围绕数字经济创新，新区努力构建卫星互联网、北斗、智能网联、下一代网络技术（IPv6）、鸿蒙、光电子等创新生态。鸿蒙技术将在智慧园区、城市能源管理等领域先行试点示范。

新区生态建设成效显著。近年来，河北对白洋淀实施大规模生态修复治理，淀区水质由劣 V 类提升至 Ⅲ 类并连续三年保持稳定。通过生态补水，白洋淀流域形成最大有水河长 1393 公里，淀区水位保持在 7 米左右。这里已成为野生动物繁衍生息地，野生鸟类、鱼类比新区设立前分别增加 80 种、21 种。持续营造"千年秀林"，森林覆盖率由新区设立前的 11% 提升至 34.9%，中央绿谷、东部溪谷生态效应凸显。

新区是因承接北京非首都功能而始，更是为合理构建京津冀地区城市群而兴。新区在产业模式、城市治理、民生保障、城乡融合等方面都有了一个好的开始。特别是在资源、能源合理保护

坚定的使命

利用方面开启了全新模式，以雄安新区和北京城区为两大中心形成的城市圈、城市带，将有效调节人口压力、资源压力，促进人与城市、人与自然、城市与自然和谐相处，永续发展。

红利阐释

　　雄安新区建设是大手笔，承载着全面践行新发展理念的使命。雄安新区是未来之城、创新之城、高质量发展之城。她的建设和发展将引领我国大型城市、城市群发展的新模式，展现创新、绿色、协调、开放、共享发展的新范式。

　　建设雄安新区，不仅为了集中疏解北京非首都功能，调整优化京津冀城市布局和空间结构，还要以新区建设培育创新驱动发展新引擎。雄安要创建城市管理新样板，将打造优美生态环境，发展高端高新产业，推进体制机制改革，打造扩大开放新高地和对外合作新平台。建设好雄安非一日之功，需要当代人精心尽职，也需要后来者接续奋斗。

28.中部加快崛起

健全推动西部大开发形成新格局、东北全面振兴取得新突破、中部地区加快崛起、东部地区加快推进现代化的制度和政策体系。

——引自《中共中央关于进一步全面深化改革　推进中国式现代化的决定》

使命解读

中部地区包括山西、安徽、江西、河南、湖北、湖南六省，占全国陆域国土面积 1/10 多一点，但集聚了全国 1/4 以上的人口，创造了全国 1/5 以上的经济产值。这里是全国重要粮食生产基地、能源原材料基地、现代装备制造、高技术产业基地。

中部地区承东启西、连南接北，发挥其资源优势，适度提升其枢纽协调功能，可以更好落实国家区域协调发展战略，缩小地区发展差距；有助于吸纳和转移东部地区的部分产业，缓解东部地区的发展压力，同时为西部地区提供市场和技术支持。通过优化中部地区产业结构、吞吐能力、枢纽功能，可以壮大中部地区经济体量，提升其发展质量，为全国经济高质量发展提供支撑。

中部地区是综合交通运输枢纽，是"6轴7廊8通道"国家综合立体交通网主骨架的重要支撑。"6轴"指京津冀、长三角、粤港澳和成渝双城经济圈这四个经济发展极之间的主要通道，也是我国交通的主通道；"7廊"指西部陆海走廊等7条走廊；"8通道"指沿边通道等8条通道。"6轴7廊8通道"主骨架覆盖了全国超过80%的县，服务了全国90%左右的经济和人口。

要发挥好中部区位优势，促进产业上下联动，推动全国产业均衡协调发展。目前，中部地区的汽车、电子信息、装备制造业等产业快速发展。六省科教资源集聚，有8.25万家高新技术企业，700多所高校，在校生占全国的30%。国家级战略性新兴产业集群和国家先进制造业集群占全国比重分别达27.3%和17.8%。

其中，湖南省的工程机械产业表现亮眼，工程机械产业规模已连续13年保持全国第一。2023年，湖南省发布"湖南省国家先进制造业集群培育提升三年行动计划"。长沙工程机械、株洲轨道交通装备、株洲中小航空发动机、长沙新一代自主安全计算系统等4个产业集群互为矩阵，打造现代高端制造业高地。湖南省在新一代人工智能技术、干细胞与再生医学、新型生物材料、新型储能材料等领域奋力攻关，取得一批突破性技术成果。

湖北省是光电子信息领域的佼佼者，光电子信息产业规模在全国占比超过 40%。武汉东湖高新技术开发区被誉为"中国光谷"，新型电子元器件及设备制造产业聚集于此，产业优势凸显。襄阳航空装备制造产业集群也迅速发展起来。2024 年湖北省高技术制造业增加值增长 22.7%，比工业增加值高出 16.3 个百分点。

安徽省拥有 7 家整车企业，将汽车产业列为"首位产业"。2024 年汽车产量达 357 万辆，居全国第 2 位，出口量跃居全国第 1 位。新能源汽车产量达 168.4 万辆，居全国第 2 位。安徽省汽车产量占全国比重超过 1/9，新能源汽车产量占全国比重超过 1/8。

江西省把电子信息产业作为支柱产业，省内电子信息产业规上企业总数达 2508 家，其中高新技术企业 712 家，国家级专精特新"小巨人"企业 34 家，拥有华勤电子、立讯智造等超百亿元企业 16 家，形成"芯光屏板链智网"全产业链协同发力的局面。2024 年新增铜基新材料、长三角（含江西）大飞机 2 个国家先进制造业集群，新增 3 个国家中小企业特色产业集群，组建先进铜功能材料、先进光伏新能源、锂电新能源等 3 家省级制造业创新中心。

要用足用好中部产业优势，壮大中部产业枢纽功能。一方

坚定的使命

面，强化传统产业转型升级，通过新技术、新材料赋能，推动传统产业高端化、智能化、绿色化转型；另一方面，重视科技创新和产业创新的深度融合，促进产学研融通创新，加快科技成果向现实生产力转化。要加强中部各省之间的紧密对接，通过深化产业协同发展、促进基础设施互联互通，共同打造区域经济增长极。还要加强与其他重大发展战略的衔接，发挥好承接产业梯度转移、优化产业布局的功能。

中部崛起，关键是将区位优势转化为产业优势、创新优势、市场优势、开放优势。一方面，要强化中部地区的大通道格局，建立健全区域内省际合作机制，提升区域协同发展水平，加强都市圈之间协调联动，更好辐射带动周边地区发展；另一方面，深化要素市场化改革，完善市场经济基础制度，全面清理纠正地方保护行为，推动各种生产力要素跨区域合理流动和优化配置，更好参与全国统一大市场建设。

要进一步发挥好"中部粮仓"的保障作用。中部地区拥有全国13个粮食主产区中的5个，粮食产量占全国的近1/3。要进一步完善农业支持政策，提高科技种植和管理水平，加强良种保障和开发。要高质量推进粮食生产功能区、重要农产品生产保护区和特色农产品优势区建设，打造一批绿色农产品生产加工供应基地。

要继续做好重要资源能源保障。中部地区煤炭资源丰富、新能源产业聚集。山西省2024年原煤产量达12.69亿吨，全社会发电量 4386.2 亿千瓦时，向省外输送电力 164.4 亿千瓦时。山西省新能源装机占比达 50.37%，外送绿电连续两年在全国居第一位。江西省重稀土矿约占全国 2/3，是我国乃至全球重要的有色金属、稀土资源基地。要进一步提升煤炭、稀土等资源开发利用水平，增强煤炭等化石能源兜底保障能力，加快建设新型能源体系，注重传统能源与新能源多能互补、深度融合。

中部地区既要发挥产业升级带动作用，又要加强绿色低碳发展水平，加强大江大河和重要湖泊生态环境系统治理，完善流域横向生态保护补偿机制和生态产品价值实现机制，推进产业生态化和生态产业化。

红利阐释

2004 年政府工作报告首次提出"促进中部地区崛起"概念，目的是打造东中西各具优势的区域经济板块，形成相互促进、共同发展的格局。中部地区定位是"三基地一枢纽"，即全国重要粮食生产基地、能源原材料基地、现代装备制造及高技术产业基地和综合交通运输枢纽。20 年来特别是党的十八大以来，中部地区后发优势强劲迸发，"大国粮仓"根基夯得更实，现代化产业体系加快构建，低碳发展的底色更浓，协同发展之路越走越宽。有人说，中部

坚定的使命

地区是中国的"腰",只有"腰板"直了,中国这个巨人才能走得正、走得稳,中国经济才能协调健康发展。中部崛起将带动高新产业聚集、内陆开放升级、全国统一市场更加畅通高效。

29. 东北全面振兴

健全推动西部大开发形成新格局、东北全面振兴取得新突破、中部地区加快崛起、东部地区加快推进现代化的制度和政策体系。

——引自《中共中央关于进一步全面深化改革　推进中国式现代化的决定》

东北地区是我国重要的工业和农业基地，也是东北亚区域的核心地带。东北全面振兴对于东北亚区域产业合作、提升国内国际双循环水平具有重要战略意义。

近年来，受大的经济周期和经济整体转型升级的影响，东北地区面临经济增长乏力、部分行业和企业生产经营困难等问题，主要是由于市场化程度不够高、政府改革不到位、民营经济活力不足。要依靠改革，针对性采取措施，加大制度供给和资本投入，打造东北产业新优势。

东北地区在机械制造、钢铁、军工、化工等方面拥有较强实力，但也存在资源密集型产业占比大，产业相似性大的特征。近年来加大了优化结构、产业再造的进程。例如，辽宁省积极打造先进装备制造业基地、石油化工和精细化工产业基地、冶金新材料产业基地；吉林省推动汽车产业集群做优做强；黑龙江省打造新材料、航空航天、高端装备等生产制造基地。

要充分发挥东北地区科研院所、高校、科研基地聚集的优势，依托现有的高技术企业、新兴产业企业支撑的产业基础，推进制造业转型升级。从国家战略安排和政策供给来说，要主动把一些重大项目放在东北。东北各省区要在努力争取中央财政和有关部委支持的同时，由省级财政配套，充分吸纳社会资金，壮大地区资本实力。通过优化配置各种要素资源，推动现有制造业与互联网、大数据、人工智能深度融合，建设现代化产业体系，留住就业者，吸引创业者、鼓励创新者。

从面向东北亚开放合作来说，东北地区要增强对外开放前沿意识，加强与东北亚国家的经贸、制造业和科技合作。东北与俄罗斯远东地区、蒙古国地理相邻、经贸结构互补，可积极推进中蒙俄经济走廊建设，加速经贸往来和资本、技术流通。东亚地区一端连接制造业零部件及半成品供应链，另一端连接世界石油、矿物燃料等重要产地，中心则有强大的制造加工能力。东北地区应用好经济区位和制造业基地的优势，发挥更大作用，积极推进中日韩自贸区建设，探索东北亚区域合作路径。

东北地区要利用土地资源丰富、科研资源富集等优势，吸引东部发达地区的民营企业进入。辽宁省东港市、吉林省珲春市、黑龙江省抚远市和内蒙古自治区满洲里市等都有作为增长极进行培育的基础。

要做强东北"大粮仓"。东北三省及内蒙古粮食产量占全国总量的1/4，商品粮占全国总量的1/3，调出量占全国总量的40%。东北地区耕地平坦、集中连片，黑土地面积有109万平方公里，并且具备农作物生长的气候，适合机械化作业和规模化生产。要发展现代化大农业，培育和壮大优良种子资源。不断扩大黑土地保护实施范围，持续加大投入力度，配套实施河湖连通、大型灌区续建改造工程，率先把基本农田建成高标准农田，加快建设适宜耕作、旱涝保收、高产稳产的现代化良田。既保障国家粮食安全，又以财力增长带动农业农村现代化，提升农村地区公共服务水平，推动城乡融合发展。

东北地区生态资源丰富，是我国东北和华北地区重要的生态屏障。要充分利用东北独有的生态资源，开发旅游资源，推进寒地冰雪经济、生态农业等新产业发展。

客观来说，东北地区的营商环境和投资环境与沿海发达地区相比有不小的差距。要优化营商环境，打造"亲""清"政商关系，用好的营商环境留人、聚人。要增强政务服务和商务服务理念，尽可能减少人为因素对办事审批程序的干扰。区域内各省区之间要实现全面联通，促进商品和生产要素合理流动，推进区域经济一体化。

东北地区要主动对接国家战略需求，整合和优化科教创新资源，加大研发投入，掌握更多关键核心技术。积极培育新能源、新材料、先进制造、电子信息等战略性新兴产业，构建高新技术产业链。加快发展风电、光电、核电等清洁能源，建设风光火核储一体化能源基地。加强生态资源保护利用，依托东北的生态环境和生物资源优势，发展现代生物、大数据等新兴特色产业，发展冰雪经济和海洋经济。继续深化国有企业改革，实施国有企业振兴专项行动，提高国有企业核心竞争力，推动国有资本向重要行业和关键领域集中，强化战略支撑作用。创新央地合作模式，促进央地融合发展，更好带动地方经济发展。支持、鼓励、引导民营经济健康发展，实施更多面向中小企业的普惠性政策，形成多种所有制企业共同发展的良好局面。

红利
阐释

"东北全面振兴"由最初的"振兴东北老工业基地"逐步演化而来，词汇的变化标志着内涵升级。东北是依托早期工业基础设施和地区资源发展起来的，随着资源优势下降、工业竞争力减弱而呈现发展缓慢的情况。振兴东北地区很不容易，需要进一步加大投入，强化区域定位，坚持向内辐射和向外拓展并举。要用好产业门类完整、工业体系完备的产业基础，在大国重器、产业安全方面强化优势，促进创新链产业链融合发展。东北地区面向东北亚，可以在跨国区域合作方面更多作为。东北也要下大力气优化营商环境，以更加开放的制度拓展市场增长的空间。

30. 长三角新动能

推动京津冀、长三角、粤港澳大湾区等地区更好发挥高质量发展动力源作用，优化长江经济带发展、黄河流域生态保护和高质量发展机制。

——引自《中共中央关于进一步全面深化改革　推进中国式现代化的决定》

使命解读

长三角地区是我国经济发展最活跃的地区，承担着带动内部发展、对外开放合作的龙头作用。2023 年长三角区域经济总量首次迈上 30 万亿元新台阶，2024 年达 33 万亿元，均占全国的近 1/4。"万亿之城"达到 9 个，占全国 1/3。

长三角是我国高质量发展样板区、率先基本实现现代化引领区、区域一体化发展示范区、改革开放新高地。在新的发展阶段，长三角创新发展的使命任务依然繁重。

长三角加快发展新质生产力，取得一系列积极成果。新能源汽车产业十分亮眼：以上海为牵引龙头，其他城市为配套主体的新能源汽车"4 小时产业圈"已经形成——上海本地提供由芯片、软件等组成的"大脑"；向西约 200 公里外的江苏常州，提供作为"心脏"的动力电池；向南 200 多公里外的浙江宁波，提供完成"身体"的一体化压铸机。如此，一家新能源汽车整车厂可以在 4 小时车程内解决所需配套零部件供应。

在江苏，动力电池及配套重点企业超过 140 家，电机、电控、电驱动总成等关键零部件领域的优质企业不断增加。在浙江，环杭州湾新能源汽车产业集群稳步壮大，带动温州、台州沿海汽车产业带转型提升。在安徽，整车—电池—电机—电控全产业链已经形成，整车、零部件、后市场三位一体布局全面实施。2022 年至 2024 年，沪苏浙皖四省市新能源汽车当年产量分别为 290 万辆、394 万辆、406.7 万辆，均占全国产量四成以上。

长三角正成为科技创新策源地。落实《三省一市共建长三角科技创新共同体行动方案（2022—2025 年）》，发挥上海张江、安徽合肥两个综合性国家科学中心"两心同创"优势，整合南京、杭州、苏州等地的科技创新资源，合作共建国家实验室和长三角国家技术创新中心。共同搭建长三角科技资源共享服务平台。通过合作创设制造业创新中心，进一步推动集聚在中心城市的创新链向周边地区、中小城市扩散。2023 年，长三角研发经费投入总量约占全国总量的 1/3，拥有国家企业技术中心数量占全国总量的 26.4%，形成的发明专利授权量约占全国总量的 1/3。2023年，长三角集成电路的总营收占到全国 60% 以上；全国超 3000家与生物技术、制药相关企业，近一半位于长三角；人工智能产业规模在全国占比约为 1/3。长三角地区已拥有 270 多家科创板上市公司，占比达 48%。2024 年长三角研发经费投入迈上万亿元台阶。

随着创新链与产业链的深度融合，长三角各地均对高附加值先进制造业重仓布局，同时又根据本地禀赋特色对重点产业环节有所侧重：上海重点发展集成电路与新能源汽车行业，尤其在芯片、移动网络等环节优势明显；南京着力打造以软件和信息服务集群为特色的"中国软件名城"；苏州电子信息产业已拥有深厚的产业基础，拥有集成电路、新型显示、光子等三个千亿级产业；合肥以"芯屏器合"为引领的战略性新兴产业领跑全国，新型显示器件、集成电路、语音识别为特色的人工智能等入选首批国家战略性新兴产业集群；杭州作为长三角电商和互联网经济中心，以云计算与大数据、视频安防等为特色。

长三角港口群基本形成，发挥助力国内国外经济双循环的支撑作用。以上海、宁波舟山港为核心，南京、杭州、苏州等 16个港口为骨干，其他港口共同发展。2023 年长三角港口集装箱吞吐量占全国比重约为 38%。

长三角政务一体化、市场服务一体化发展迅速，实现更好的集约、集成效应。目前，长三角地区已实现市场准入登记标准、服务规范、信息共享、创新步调的"四个统一"，经营主体身份在线"一次验证、全网通用"和电子营业执照可共享复用；2023年，企业开办时限提速至平均 8.5 天，达到经济合作与发展组织成员国标准。"十四五"期间，长三角经营主体数量年均增速 8%。

长三角自贸区实现全覆盖。在国家层面复制推广的 302 项自贸试验区制度创新成果中，近一半由上海自贸试验区首创或同步先行先试。上海自贸区还率先建成上海国际贸易"单一窗口"，支撑全国超 1/4 货物贸易量的数据处理。2022 年江苏自贸区贡献了全省生物医药产值 5000 亿元的一半份额；不产"一滴油"的浙江自贸区，依托制度创新打造油气全产业链；安徽自贸区探索企业开办"一业一证一码"等改革措施，"一照通"审批事项办理时限平均压缩 85%以上。

长三角一体化发展成绩卓著，但面对新的内外形势，也要妥善处理新的问题：一是国际贸易保护主义下的产业链供应链"断链"风险与外迁压力，二是区域与城市分工体系协同不足，三是创新链产业链融合不够充分。

为此，要积极推动科技创新资源实现最大程度共享，联通区域级、省级、市级平台，共建长三角大型科技基础设施低成本开放共享使用网络。改革重大科技项目立项和组织管理方式，完善创新资源共享考核方式及利益分配机制。统筹长三角城市算力基础设施建设计划，打造长三角算力调度平台体系，共建长三角超级算力大脑。创新科研院所、科技创新企业管理机制、运营机制，提高技术市场化转化效能，提升产业和产品国际竞争力。推动区域内科技金融支持一体化、统筹联动。

要进一步深入实施自贸试验区提升战略，推进规则、规制、管理、标准等高水平制度型开放，合理缩减自贸试验区外商投资负面清单，优化跨境服务贸易负面清单。围绕金融、贸易、投资、数据、人才要素自由流动和内外联通，不断完善制度体系，更大程度、更大规模吸引优质外资、外企落户长三角。

红利阐释

长江三角洲地区是我国发展基础最好、体制环境最优、整体竞争力最强的地区之一，是我国发达地区的代表。中央赋予该地区的战略定位是"一极三区一高地"，"一极"是全国发展强劲活跃增长极，"三区"是全国高质量发展样板区、率先基本实现现代化引领区、区域一体化发展示范区，"一高地"是新时代改革开放新高地。继续发展好长三角地区，要聚焦培育发展新质生产力，加强科技创新和产业创新跨区域协同；聚焦一体化发展制度保障，加快完善一体化发展体制机制；聚焦打造双循环战略枢纽，积极推进高层次协同开放；聚焦共建绿色美丽长三角，加强生态环境共保联治；聚焦构筑区域风险防控体系，着力提升安全发展能力；聚焦率先探索中华民族现代文明，共同推进文化和旅游一体化发展；聚焦完善区域合作机制，凝聚一体化发展合力。可以说，长三角地区是中国式现代化的领舞者、前哨团，是经济、政治、文化、社会、生态文明和党的建设高质量发展的样板。

31.粤港澳新境界

推动京津冀、长三角、粤港澳大湾区等地区更好发挥高质量发展动力源作用，优化长江经济带发展、黄河流域生态保护和高质量发展机制。

——引自《中共中央关于进一步全面深化改革　推进中国式现代化的决定》

使命解读

大湾区是我国产业链最重要的节点地区之一，从广州到深圳的珠三角地区，集聚大批从事互联网、人工智能和新能源汽车等产业的公司。通过粤港澳大湾区协同发展，企业从全球范围内"引进来"更多技术与资金。港澳也不仅仅发挥"前店"作用，还可以作为桥梁沟通广东乃至整个内地与国际市场要素流通。

2024年6月30日，深圳至中山跨江通道（以下简称"深中通道"）正式通车。从此，珠江口东西两地的人流、物流、资金流等可以更加便捷地融通，粤港澳大湾区一体化发展将更加顺畅和深入。

粤港澳大湾区一体化发展，是重大国家战略。广东省是我国第一经济大省，进出口总额占全国的比重常年保持在20%左右，世界500强企业有300多家在珠三角地区投资兴业；香港是国际金融、航运、贸易中心，也是亚太地区最具竞争力的城市；澳门拥有国际自由港、低税制、广泛经贸网络优势。大湾区一体化发展，可以将珠江三角洲的产业优势、区位优势、开放优势发挥出来，形成产业链、供应链、创新链交融发展的区域性大市场，实现港澳与内地城市的互联、互促、互济，提升该区域大市场的综合竞争力。

2023年4月，习近平总书记视察广东时，要求广东举全省之力推进粤港澳大湾区建设，使粤港澳大湾区成为新发展格局的战略支点、高质量发展的示范地、中国式现代化的引领地（简称"一点两地"）。按照"一点两地"全新定位，大湾区要积极扩大规则、规制、管理、标准等制度型开放，不断增强在国际大循环中的话语权。

一方面，港澳地区已经对接上了国际高标准市场规则体系，通过大湾区一体化发展，可以实现国内市场规则体系与国际市场规则体系的对接与转换。需要明确的是，大湾区覆盖三个独立关税区，粤港澳三地在法律体系、制度规则、管理理念、市场习惯等方面有差异，需要在市场准入、行业监管、行业标准、司法服务和保障等方面加强制度对接和融合。可以说，这是我们深化改革开放绕不过去的课题。

大湾区提升市场一体化水平，关键是尊重市场规律，以畅通物流、人流、资金流为根本，加强一国之下不同关税区、不同法律规则体系的对接。为此，一要推动《内地与香港、澳门关于建立更紧密经贸关系的安排》升级，构建内地、香港、澳门单一自贸区。二要深入落实《粤港澳大湾区国际一流营商环境建设三年行动计划》，促进大湾区营商环境迈向更高水平。三是深化大湾区港口群和机场群协同发展，加快进出口贸易通道建设。深中通道正式通车，对于大湾区设施联通、产业协作意义重大。

为了加强大湾区三个关税区的制度对接和融合，先后推出"横琴方案""前海方案""南沙方案""河套规划"，实施平台式制度创新模式，取得积极成果。通过建立这些开放合作平台，可以在相对较小的区域内，更高效地开展要素跨境流动、经贸和社会规则衔接、行业准入、合作体制机制、创新能力开放合作等政策、措施试点，并取得突破。

横琴粤澳深度合作区已于 2024 年 3 月 1 日零时正式实施封关运行，标志着构建与澳门一体化高水平开放新体系迈出关键一步。封关前，横琴、澳门两地分属不同关税区，两地的关税水平、禁限管制、检验检疫等法律法规不尽相同。封关后，横琴将从物理的离岸进一步发展为具体制度上的离岸，横琴与澳门形成统一关税区，合作区内实施共通的规则。

按照《横琴粤澳深度合作区建设总体方案》，横琴与澳门特别行政区之间设为"一线"，横琴与中华人民共和国关境内其他地区之间设为"二线"。"一线"管理模式是：货物经过"一线"（从澳门进入合作区），对进口关税、进口环节增值税和消费税，可以予以免税或者保税。保税货物复运出境需要向海关部门办理出境手续，但无须补缴进口环节税款。人员自用及合理数量的物品可予以免税；超过"自用、合理标准"的、超过"旅途必需物品数量"的，需要按规定缴税。人员进出"一线"，需要使用证件，采用"合作查验、一次放行"通关模式。"二线"管理模式是：货物经过"二线"进出横琴和内地其他地区，需办理进出口手续。人员经过"二线"进出，不需要使用证件，即内地人员自由进出横琴。

横琴合作区"分线管理"模式，打造了一体化管理新模式，能够更好地将澳门的单独关税区、自由港、对外联络广泛等独特优势，与横琴的空间、资源优势结合起来，加快实现琴澳一体化发展，进而带动澳门与内地的融合发展。

深圳前海、广州南沙两个自贸试验区在体制机制创新方面也取得诸多成果，为粤港澳大湾区一体化发展提供支撑。

截至2024年3月，粤港澳大湾区常住人口超8600万人。2023年粤港澳大湾区经济总量突破14万亿元，以不到全国0.6%

的国土面积，创造了全国 1/9 的经济总量，综合实力和集聚效应显著增强。2023 年，粤港澳大湾区内地 9 市进出口额 7.95 万亿元，占全国进出口总值的 19%。其中，高新技术产品进出口是大湾区的突出亮点。

伴随全球产业和科技版图的深度重构，大湾区成为电子信息、软件、医药等领域的全球科技竞争前沿，也成为全球科技创新的重要平台载体。2023 年，大湾区已建成 34 家国家级、71 家省级国际科技合作基地。在世界知识产权组织发布的 2023 年全球创新指数"科技集群"排名榜上，"深圳—香港—广州"科技集群连续 4 年位列全球创新指数第二名。目前，粤港澳大湾区研发经费投入、发明专利有效量、PCT 国际专利申请量等主要科技指标均保持全国首位。重大项目申报面向港澳科研机构开放，"港澳高校—港澳科研成果—珠三角转化"的科技产业协同发展模式逐步形成。

进一步提升大湾区一体化发展水平，关键是制度创新，目标是解放生产力。要汇聚创新发展力量，推动区域协同创新，联手解决"卡脖子"问题，打造新质生产力加快发展阵地。一方面，用全球视野、现代市场方式配置一流科创资源，发挥港澳"超级联系人"作用，构建有利于科技创新的政策规则体系，建设国际领先的科研实验设施集群，建立更加完备的科技创新生态体系，积极融入全球创新网络，早日建成粤港澳大湾区国际科技创新中心。另一方面，围绕广东战略性产业集群和未来产业发展，强化粤港澳三地战略性产业集群创新能力合作。要采取措施保护好香港的基础研究优势、全球化集聚创新要素优势，保护香港的国际化治理方式。支持港澳企业和科研机构等主体参与融入广东战略性产业集群的创新进程，将港澳企业纳入重点产业发展技术路线图、技术攻关的"需求清单""任务清单""责任清单"；鼓励港澳高校院所和科研团队与广东企业合作实现关键核心技术攻关；鼓励粤港澳合作促进广东科研体制改革，借鉴港澳地区的经验推动产业集群技术研发机构的法人化改革、科研人员评价制度改革和科技成果转化收益分配机制改革。

红利阐释

　　粤港澳大湾区包括香港特别行政区、澳门特别行政区和广东省广州市、深圳市、珠海市、佛山市、惠州市、东莞市、中山市、江门市、肇庆市。常住人口接近1亿人。这里拥有漫长海岸线、良好港口群、广阔海域面，经济腹地广阔。战略定位是"一点两地"，即新发展格局的战略支点、高质量发展的示范地、中国式现代化的引领地。按照2019年中共中央、国务院印发《粤港澳大湾区发展规划纲要》，大湾区不仅要建成充满活力的世界级城市群、国际科技创新中心、"一带一路"建设的重要支撑、内地与港澳深

坚定的使命

度合作示范区，还要打造成宜居、宜业、宜游的优质生活圈，成为高质量发展的典范。显然，未来大湾区的开放程度、国际化程度将更高，将呈现更具包容性的制度体系。

32. 建设国家战略腹地

建设国家战略腹地和关键产业备份。加快完善国家储备体系。完善战略性矿产资源探产供储销统筹和衔接体系。

——引自《中共中央关于进一步全面深化改革 推进中国式现代化的决定》

使命解读

中西部地区是建设国家战略腹地的主要区域。这是因为，我国东部沿海地区的产业聚集效应十分凸显，人力成本、土地成本、商务成本都比较高，向中西部转移一部分产能可以释放土地等要素空间，推动产业向高端化发展。对中西部而言，通过承接东部转移的产能，可以将低成本资源优势发挥出来，提升资本利用效率，提高产业能级和竞争力。中西部战略腹地建设，可以反过来为东部地区高质量发展提供产能支撑。

坚定的使命

战略腹地建设既有国防安全的考量，也有重大生产力合理布局的考量。新一代信息技术、新能源、生物经济、高端制造、新材料、航空航天等高速增长的战略性新兴产业以及未来产业，大科学装置、国家实验室、新型研发机构等创新平台与创新基础设施，特高压输电、西气东输等能源生产与运输工程，工业互联网、大数据中心等新型基础设施等，都属于重大生产力布局的内容。要在腹地建设科技和资源支撑平台、机制性备份平台。所谓科技和资源支撑平台，就是主动将一部分重点科技力量部署在中西部，在中西部建设一批资源支撑基地。所谓机制性备份平台，就是要从实战角度出发，确保在特殊情况下能够及时启动腹地平台功能，保障应急和对抗外部冲击之用。

近年来，国家加大对西部地区的科技投入，建设了一批高水平的科研机构和重点实验室，吸引了大量科研人才和创新团队，为西部产业结构升级和新兴产业发展提供强大智力支持。西部地区也在积极构建向西开放基地，加强与"一带一路"沿线国家的科技合作与交流。西部地区已形成了一批大数据、云计算、人工智能产业集群。这为国家腹地建设打下了必要基础。

接下来，要进一步加强东部与中西部对口合作，推动双方在产业、技术、人才等方面的深度合作；建设一批对口合作重点园区，完善基于产业链畅通和备份相结合的产业政策支持，实现资源共享，促进要素合理配置。应建立跨区域合作平台，打破行政区域壁垒。战略腹地建设不是封闭起来的建设，要进一步增强腹地开放发展能力，打造腹地开放平台和载体，完善沿边地区各类产业园区、边境经济合作区、跨境经济合作区布局，推动自贸试验区向产业链供应链创新链深度拓展。吸引和鼓励国际组织、多边开发机构以及有条件的跨国资本参与我国战略腹地区域建设。要下大力气改善腹地区域营商环境，持续推进"放管服"改革，完善产权保护、市场准入、公平竞争和社会信用等市场经济基础制度，鼓励各类资本依法竞争发展，用竞争性发展提升战略腹地建设水平。

红利阐释

国家战略腹地是指服务于国家重大战略的资源和产能储备区域，这些区域既要承担特殊情况下的储备和替代功能，又要保持符合自身区域定位的常态化产业循环。在国内外形势复杂多变，各种"黑天鹅""灰犀牛"事件莫测的背景下，建设战略腹地极为重要。建设国家战略腹地，是增强经济抗冲击能力，实现国家总体安全的必要举措。要按照优化重大生产力布局、建设关键产业备份的要求，统筹相关产业布局、政策安排、资源支撑。四川省、重庆市、陕西省是具备国家腹地建设基础条件的主要地区，享有政策红利。

33.管好宏观资产负债表

探索实行国家宏观资产负债表管理。

——引自《中共中央关于进一步全面深化改革　推进中国式现代化的决定》

使命
解读

国家宏观资产负债表，相当于国家的总账本、总家底，既包括年度增量财富部分，也包括存量财富部分。其中，部分存量财富难以快速变现，或者难以定价，对其盘点、梳理，弄清楚可盘活变现的资产总量，可以更清楚地透视国家经济增长的"累积效应"，对于债务化解和后续发展具有重要参考价值，是制定中长期发展规划的基础。

依据联合国等五大国际组织发布的《国民账户体系2008》，美国、德国、英国、法国、加拿大、澳大利亚等国都编制了国家资产负债表，用于宏观经济分析和管理。

考察宏观资产负债表，可以从政府部门、居民部门、企业部门和金融部门分别加以分析。

政府部门在经济体系中占据重要地位。其收入来源为税收、非税收收入及转移支付等，支出则覆盖公共服务、社会保障、基础设施建设等多个领域。税收收入和土地出让金收入令资产和政府权益同步增加，导致"扩表"。教育支出、社会保障和就业支出令政府资产减少，导致"缩表"。

政府开展基础建设投资，先造成政府缩表，但资金流入社会经济循环中，最终体现为金融资产下降，基础设施等固定资产上升。政府投资基础设施的重要意义在于，提供就业岗位，基建成果惠及民生。政府发债是主动"扩表"，目的是解决项目资金缺口、投资公共产品、拉动内需等。转移支付是政府通过无偿支出对社会收入和财富进行再分配的方式，会造成政府资产和权益同步减少。

居民资产包括实物资产和金融资产。根据央行 2019 年中国城镇居民家庭负债表情况调查数据，居民的最主要资产是实物资产，包括住房、商铺和汽车等，在户均总资产中分别占比 59.1%、6.8% 和 5.2%，合计超过总资产的七成。金融资产约占居民家庭资产 20%，主要包括现金、银行理财、股票投资等。从负债端来看，居民家庭的负债端主要为银行贷款，其中住房贷款占比最高。居民收入提高、消费增长、借贷增加、投资理财扩张，说明对经济预期较好，反之亦然。

企业部门连通投资、生产、流通和消费等各个环节，是经济增长的主要驱动力。从资产端来看，企业的资产主要分为流动资产和非流动资产；其中流动资产占比较高，主要包含货币资金和存货等。从负债端来看，主要划分为流动负债和非流动负债；流动负债占比同样较高，其中主要包括应付票据及账款、合同负债等。房地产企业的资产负债表结构有所不同，主要是资产端的存货比较高。企业扩大生产、销售规模扩大且实现盈利，则经营预期看好，反之亦然。

居民、企业和政府这三个部门的收入和支出是密切关联的。居民部门资产负债表的核心是消费意愿，企业是投资意愿，政府是项目和负债平衡。居民作为最终端的需求，会影响企业的投资与扩张意愿，而企业也为居民提供就业岗位，直接影响居民的收入，进而又会影响居民的消费意愿。在宏观经济下行压力较大时，企业投资也需要政府的政策支持和逆周期调控，居民消费意愿和企业投资意愿也会影响政府的税收收入；政府作为宏观调控主体，在必要时须填补私人部门的需求缺口。

金融部门是资金吞吐、资金价格的枢纽平台，对行业热度、风险情况反应敏感；同时，连接政府、居民、企业各方。特别是，金融机构自身风险控制情况会反作用于实体经济。所以要特别注意金融机构账本中的收缩和扩张信号。金融机构的资产包括贷款、投资证券等，负债则主要是存款及发行的债券。这些金融产品的量价变化是宏观经济走势的重要前瞻指标。

进一步探索实行国家宏观资产负债表管理，需要在实践中不断拓展资产负债表的监测、预警、管理功能。一是全面提高资产负债表编制质量。建立系统全面的资产负债统计数据库，提高资产负债表编制的时效性，构建我国国家资产负债表编制理论体系。

二是加强基于资产负债表的宏观经济管理研究。宏观经济管理部门要加强对全国和地方资产负债表的研究，注重资产负债表流量指标、存量指标的衔接，为监测、预警宏观经济运行，参与宏观经济决策提供参考。

三是挖掘和拓展资产负债表的管理功能。研究利用资产负债表对不同部门的资产负债总量和结构进行协调，对货币政策、财政政策实施效果进行评估，研究在国民经济和社会发展中长期规划中增加资产负债相关指标可行性，不断完善管理原则、目标、手段和方式，充分发挥资产负债表管理效用。

红利 阐释

国家宏观资产负债表是综合反映一个国家或地区在特定时间点上拥有的资产、负债总量及结构的统计表，包括政府、居民、非金融企业、金融机构等各部门机构所拥有的资产与负债的规模和结构。国家宏观资产负债表可以衡量一国多年经济增长所形成的财富积累，从存量视角分析国家经济的变化趋势和健康状况。实行宏观资产负债表管理意味着更加注重国家账本平衡，更加注重可持续发展，有助于更好把握先立后破、破立并举改革方法论。这对于经济稳定运行，减少大起大落至关重要。企业、居民个人、地方政府都应该有国家账本意识，减少投资失误。

34. 走向共同富裕

推动人的全面发展、全体人民共同富裕取得更为明显的实质性进展。

——引自《中共中央关于进一步全面深化改革　推进中国式现代化的决定》

共同富裕是社会主义的本质要求，也是老百姓的朴素追求，而如何定义共同富裕、如何实现共同富裕，我们也经过了艰苦的探索。改革开放以来特别是进入新时代以来，共同富裕进程逐步加快，共同富裕理念和路径更趋成熟。

共同富裕，是指全体人民通过辛勤劳动和相互帮助，普遍达到生活富裕富足、精神自信自强、环境宜居宜业、社会和谐和睦、公共服务普及普惠，实现人的全面发展和社会全面进步，共享改革发展成果和幸福美好生活的一种社会状态。

对"共同富裕"中的"共同"二字，人们的理解是五花八门的，有人认为是同时间、同步调、同标准，有人认为是每个人的收入水平、财富水平都相差不多，甚至有人认为是平均分配社会财富。显然，这些想法把"共同"二字简单理解为一个"同"字了，这是不准确的。"共同"主要是指"一起""均衡"之意。即倡导人们在意愿上、程序上都坚持财富分配均衡、包容，最终在感受上、结果上都实现这一点。

习近平总书记指出，全体人民共同富裕是一个总体概念，是对全社会而言的，不是要分成城市一块、农村一块，或者东部、中部、西部地区各一块，各提各的指标，而是要从全局上来看。共同富裕是 14 亿多全体中国人民共同富裕，是人民群众物质生活和精神生活都富裕，不是少数人的富裕。

站在当前历史坐标轴上，我国社会主义条件下的共同富裕，是指初次分配、再分配、三次分配基础性制度更加协调，推进形成中间大、两头小的橄榄型分配结构，促进社会公平正义，促进人的全面发展。要实现这个目标，必须同时遵循社会发展规律和经济发展规律。

所谓社会发展规律主要是指，生产关系一定要适应生产力的发展。当社会财富分配出现严重失衡时，即分配不能适应社会成员的现实需要时，社会各阶层之间的相互信任就会严重受损，合作共识减弱。无论历史上还是现实中，都有正反两方面的例证，这凸显了共同富裕制度建设的迫切性。

所谓经济发展规律主要是指，必须适应市场发展方向，处理好各经济部类之间的平衡关系，保持投资、生产、流通、消费等各主要环节的畅通循环。同时，要特别注重减少人类生活生产对自然环境的影响，努力实现更清洁、更低碳的经济发展模式。经济可持续发展依赖于科技创新、经营管理创新、生产效率不断提高。社会分配制度的价值取向不能偏离这样的基本原则。因此，推进共同富裕，应当与激励创新、鼓励多劳多得、兼顾按劳分配和按各种要素投入分配相互统一起来。没有经济高质量发展的成果，共同富裕就是无本之木、无源之水。

共同富裕作为一个社会分配概念，兼具促进社会发展平衡和经济发展平衡的双重功能。在做好做大"蛋糕"的同时，还要进一步分好"蛋糕"，通过完善收入分配制度和社会保障制度，缩小东西部之间、城乡之间、区域之间、行业之间的收入差距。靠提高基本公共服务水平增进普通劳动者的福利，靠调节分配政策增加普通劳动者的收入。当然，提高低收入群体收入、扩大中等收入群体比重、合理调节高收入，都必须依法进行。

"共同富裕"的制度建设应努力达到"共同满意"的效果。要通过社会协商的方式，增进对共同富裕社会制度的共识，讲清楚共同富裕的原则、实现路径以及可能遇到的困难。共同富裕不可能一蹴而就，但也绝不能无所作为。急了，可能会把好事办坏；不作为，对社会失衡问题听之任之，可能会带来更多更大的问题。

完善三次分配制度，加强社会舆论引导，加强法治保障，是稳步推进共同富裕进程的正确方向。要在一次分配环节，适度加大对普通劳动者的薪酬分配，根据不同行业的特点适度调减对资本的分配；在二次分配环节，要加大税后、社保、转移支付等环节的调节力度，同时要形成稳定预期，防止预期焦虑；加强三次分配制度建设，鼓励富有人群自愿捐赠，丰富捐赠渠道和方式，建立和完善荣誉授予、税收减免、包容激励政策的匹配度。

从经济学和社会运行机制两方面来看，社会财富的积累不可能单靠富人群体的努力来实现，也不可能单靠普通劳动者的努力来实现，而一定是各个阶层的人们"合成作用"的结果。但从社会现实来看，每个人对生产要素的掌握和占有能力存在差异。一个公平的社会，应当对普通劳动者的收入水平给予更多关注，要增加这些社会成员的获得感。这有利于激励他们参与社会创造，促进社会稳定和经济平衡发展。

实现 14 亿人共同富裕，是一个在动态中向前发展的过程，要持续推动，不断取得成效。实现共同富裕，要努力推进全社会收入分配格局向理性、向善、科学的方向调整，营造更加公平、可持续、良性的社会分配生态。在此过程中，要准确把握工作方式方法，坚持依法推进，防止任何违背客观规律的事情发生。

按照中央部署，浙江省于 2021 年开启共同富裕示范区建设。同年 7 月 19 日，《浙江高质量发展建设共同富裕示范区实施方案

（2021—2025 年）》正式发布，从"更富活力创新力竞争力的高质量发展模式""以中等收入群体为主体的橄榄型社会结构""人的全生命周期公共服务优质共享"等方面作出规划，设计推出政策框架和制度体系。强调以解决地区差距、城乡差距、收入差距问题为主攻方向，更加注重向农村、基层、相对欠发达地区倾斜，向困难群众倾斜，在高质量发展中扎实推动共同富裕，加快突破发展不平衡不充分问题。

共同富裕的基础是经济高质量发展，浙江省具有良好的产业结构、完善的公共服务条件，人均 GDP 存量和增速都居全国前列，能够在缩小地区差距、城乡差距、收入差距上取得示范成果。第一，浙江省持续加大科技创新，壮大科创企业规模，以"消薄飞地""产业飞地""科创飞地"方式，实现相对发达地区带动落后地区经济发展。第二，以"先富带后富，给钱给物不如给机会"的理念，将引导有条件的企业把适合的生产加工环节布局到基层，为村民在家门口提供就业机会。截至 2024 年，全省已有超万家"共富工坊"，累计吸纳就业近 50 万人，人均月增收约 2600 元。第三，加大收入分配"扩中""提低"进程。浙江省通过完善制度，提高技术工人、新业态从业人员等 9 类群体的收入，实现"扩中""提低"目标，并加强对重点群体的就业帮扶工作。此外，在促进城乡融合发展、丰富社区乡村文化生活方面，也推出一系列补短板措施。

红利阐释

实现共同富裕是社会主义的本质要求。"治国之道，富民为始。"全体人民共同富裕是一个总体概念，它不是也不可能是所有人同时富裕，不同人群不仅实现富裕的程度有高有低，时间上也会有先有后；它不是也不可能是所有地区同时达到一个富裕水准，不同地区富裕程度还会存在一定差异，而不是齐头并进。实现共同富裕的具体路径和举措是：提高发展的平衡性、协调性、包容性；着力扩大中等收入群体规模；促进基本公共服务均等化；加强对高收入的规范和调节，规范财富积累机制；促进人民精神生活共同富裕；促进农民农村共同富裕。按照社会主义条件下共同富裕的要求，推进共同富裕历史进程，将不断增强人们的获得感，不断激发人们的创造性主动性，实现经济社会可持续高质量发展。

35. 统筹发展与安全

坚持系统观念，处理好经济和社会、政府和市场、效率和公平、活力和秩序、发展和安全等重大关系，增强改革系统性、整体性、协同性。

——引自《中共中央关于进一步全面深化改革　推进中国式现代化的决定》

使命解读

如果把发展比喻为走路、登山，那么，安全就是防止坑坑洼洼、绊脚石、拦路虎、狂风暴雨以及地质灾害带来危害。身体强健的、准备充足的行路人、登山者能够克服和战胜这些风险，走到目的地，反之则不然。我国作为一个拥有14亿多人口的大国，必须把高质量发展作为新时代的硬道理；同时，必须持续做好安全机制建设，增强安全保障能力，统筹发展和安全，确保经济社会发展稳定前行，行稳致远。

坚定的使命

面对世界百年未有之大变局，我国外部环境不稳定、不确定性持续高企，国家安全的内涵和外延比历史上任何时候都要丰富，时空领域比历史上任何时候都要宽广，所涉及问题也更加复杂。国家安全涵盖政治、军事、国土、经济、文化、社会、科技、网络、生态、资源、核、海外利益、太空、深海、极地、生物等诸多领域。并且，国家安全领域斗争的体系性对抗特点凸显。

为此，党中央反复强调推动高质量发展，统筹发展和安全。从促发展方面来说，要利用好我国市场规模巨大、需求强劲、工业门类齐全的优势，立足扩大内需，充分发挥国内大循环在双循环中的主导地位。从国际合作方面来说，要积极扩大和升级与各国的合作，也要算清政治账、安全账，防止供应链产业链受制于人，加强科技创新，加快"卡脖子"技术突破，确保发展的自主性、安全性和可持续性。

从安全领域来说，我们要在粮食安全、油气电和关键矿物安全上超前布局，做好长期综合考量。要高度重视新型安全问题，包括金融系统安全、重大疫情冲击、新型现代化武器竞争、网络舆情安全、核风险、国际治理风险等。在经济全球化的当下，境外力量对当事国进行金融渗透和干扰，制造金融风险事件或全局性动荡的可能性显著增加，必须加强本国金融体系安全建设。重大疫情风险不仅威胁人民生命健康，还会给经济社会带来巨大压力，导致医疗保障挤兑危险，必须加强重大公共危机应对体系建设，形成强大的全社会动员能力。就网络舆情来说，西方国家和相关主体利用互联网平台对当事国进行意识形态攻击已是常态，必须采取更为机制化的措施加以应对。和平利用核能导致的核废料消纳问题，核电站事故形成的废料、废水排放危机，同样值得高度重视。要加强对公共安全形势的研判，加强灾害应急处置能力建设。完善人工智能安全监管能力建设，健全应急处置体系。随着中国居民和企业在海外利益的扩大，要进一步完善涉外安全机制，加强应对和处置风险和危机的能力。

国际规则之争是关系各国发展与安全的重要内容。无论是贸易规则、金融规则、气候规则、生态保护规则，还是反恐规则、移民规则、跨国执法规则等，都存在有利于所有国家还是有利于个别国家的问题。中国作为一个大国，理应在这方面发挥建设性作用，也必须维护好自身安全。

当前我国国家安全面临的形势十分严峻，国家安全体系建设仍有短板，必须加快推进国家安全体系和能力现代化，特别是进一步完善国家安全法治体系、战略体系、政策体系、风险预测预警体系。要有计划有步骤推进重点领域涉国家安全法律法规立、改、废、释、纂，严格国家安全执法，保证国家安全工作在法治轨道上运行。要以总体国家安全观为指导，加强顶层设计，根据形势发展变化不断完善调整国家安全战略，制定各领域国家安全战略规划，将国家安全战略切实贯彻落实到国家安全的各领域全过程。要不断完善重点领域国家安全政策体系，加大政策贯彻

坚定的使命

执行力度，确保各项政策部署落地见效，更好发挥政策导向作用。要推动风险监测、研判、预警、处置各环节有效衔接，推动国家安全风险治理由事后反应、被动应对向事前预警、快速反应转变。

红利阐释

发展与安全如鸟之两翼、车之双轮，相互作用，相互支撑。推进中国式现代化建设，将面临各种可以预见和难以预见的狂风暴雨、惊涛骇浪。要更好统筹发展和安全，在发展中更多考虑安全因素，下好先手棋、打好主动仗，增强我国的生存力、竞争力、发展力、持续力，把国家和民族发展进步的命运牢牢掌握在自己手中。要统筹外部安全和内部安全、国土安全和国民安全、传统安全和非传统安全、自身安全和共同安全。安全的发展，本身就是巨大的红利；以发展促安全，需要在理念、政策、制度、监督等机制上加以保障。

责任编辑：龚　勋
责任校对：曲　静
装帧设计：汪　阳

图书在版编目（CIP）数据

坚定的使命 / 董少鹏著 . -- 北京 ：人民出版社，
2025. 3（2025. 7 重印）. -- ISBN 978－7－01－027185－9

Ⅰ. D61

中国国家版本馆 CIP 数据核字第 2025685Q8S 号

坚定的使命
JIANDING DE SHIMING

董少鹏　著

人民出版社 出版发行
（100706　北京市东城区隆福寺街 99 号）

北京汇林印务有限公司印刷　新华书店经销

2025 年 3 月第 1 版　2025 年 7 月北京第 2 次印刷
开本：880 毫米 × 1230 毫米 1/32　印张：6.5
字数：129 千字

ISBN 978－7－01－027185－9　定价：59.00 元

邮购地址 100706　北京市东城区隆福寺街 99 号
人民东方图书销售中心　电话（010）65250042　65289539